Gabriel H. Bultmann

Stundenbuch für den Alltag

Gabriel H. Bultmann

Stundenbuch für den Alltag

*Aus dem
Gebetsschatz
der orthodoxen Kirche*

Zum lebendigen
Mit- und Füreinanderbeten
aller Christen

Herausgegeben
von
Wolfgang Sigel

Verlag Styria

Die Illustrationen in diesem Buch stammen
von Rallis Kopsidis, Athen, und sind dem Buch
„Sprüche der Väter – Apophthegmata Patrum" entnommen,
das 1963 im Styria-Verlag, Graz, erschienen ist.

CIP-Titelaufnahme der Deutschen Bibliothek

Bultmann, Gabriel H.:
Stundenbuch für den Alltag : aus dem Gebetsschatz der orthodoxen Kirche ;
zum lebendigen Mit- und Füreinanderbeten aller Christen / Gabriel H. Bultmann ;
Wolfgang Sigel. – Graz ; Wien ; Köln : Verl. Styria, 1991
ISBN 3-222-12005-6

© 1991 Verlag Styria Graz Wien Köln
Alle Rechte vorbehalten
Printed in Austria
Gesamtherstellung:
Druck- und Verlagshaus Styria, Graz
ISBN 3-222-12005-6

INHALT

ZUM GELEIT ..7

ZUM NUTZBRINGENDEN GEBRAUCH
DIESES BUCHES ..10

VORWORT ..15

ZUR ANDACHT ZU JEDER STUNDE ..19
Andacht zu jeder Stunde ..23

ZUM ABENDLOB ..37
Abendlob ..41

ZUR SPÄTANDACHT ..57
Spätandacht ..60

ZUR NACHTWACHE ..67
Nachtwache ..69

ZUM MORGENLOB ..73
Morgenlob ..78

ZUR ERSTEN STUNDE ..97
Frühandacht (Erste Stunde) ..99

ZUR DRITTEN STUNDE ..103
Vormittagsandacht (Dritte Stunde) ..105

ZUR SECHSTEN STUNDE .. 109
Mittagsandacht (Sechste Stunde) .. 111

ZUR NEUNTEN STUNDE .. 115
Nachmittagsandacht (Neunte Stunde) .. 118

ZUM TAGLOB .. 123
Taglob .. 125

Tischsegen .. 130

Fahrtsegen .. 132

Nachwort .. 136

Anhang

DEUTSCHE KULTSPRACHE – EIN VERSUCH .. 139

HIEROHEGUMEN GABRIEL BULTMANN –
EINE WÜRDIGUNG .. 148

ERLÄUTERUNGEN THEOLOGISCHER BEGRIFFE .. 152

LITERATUR .. 174

ZUM GELEIT

Eine sehr große Zahl der Kirchenväter nennt das Gebet ein „Gespräch mit Gott". Unter den Vätern sagt der heilige Johannes der Goldmund, daß dieses Gespräch „uns vergöttlicht".

So gibt man mit der Herausgabe eines neuen Gebetstextes, wie des vorliegenden des Vaters Gabriel Bultmann, der Öffentlichkeit ein Mittel, um mit Gott zu sprechen. Der Mensch, der sich an Gott wenden will, soll dies in seiner Sprache tun können, mit seiner vertrauten Sprache, nützlich in der Weise, auf daß diese Sprache aufrichtig sei, vermögend, sein Empfinden zu ordnen und auf Gott hin zu lenken. Diese drei Prägungen, Aufrichtigkeit, Empfinden und Lauterkeit, bilden den Thron, dessen sich der Autor bedient, um das Gebet der griechisch-orthodoxen Kirche in die deutsche Sprache zu übertragen.

Dieser Verwirklichung erweisen wir Ehre und denken, daß der Leser dieses Werkes durch die Schönheit und die Wahrheit der Sprache emporgehoben wird, sich danach zu sehnen, zu Gott zu beten.

Jeder betende Mensch und jeder Christ, welche seine Kirche auch sei, wird in diesem Stundenbuch nicht nur den Rhythmus des täglichen Gebetes bei den Orthodoxen finden, sondern die Beweggründe, Gott zu lieben. Gott zu lieben ist beinahe unmöglich. Dem muß man sich durch die innere Erfahrung nähern. Dafür ist das Stundenbuch aufgebaut, um den Menschen eintreten zu lassen in die Erkenntnis der „vielfältigen und körperfreien Ebenen", wie der heilige Isaak der Syrer sagt. Es stellt den Menschen in das unmittelbare Bewußtsein der objektiven Dinge. Derjenige, der in das Gebet eintreten wird wie in seine Behausung, der wird langsam den letztendlichen Gehalt dieses Buches aufsteigen sehen, indem er die Seelenzustände überschreitet: die liebende Gegenwart eines lebendigen Gottes.

† GERMAN
Bischof von Saint-Denis
und der orthodoxen Kirche
von Frankreich

Vater Gabriel Bultmann war zeit seines Lebens ein richtiger Gelehrter, der das Griechisch der Kirchenväter beherrschte wie seine Muttersprache. Dazu war er ein Dichter, der mit endloser Geduld suchte, bis er das richtige Wort gefunden.

Ganz etwas Besonderes waren seine Übersetzungen der großen Festkondakia des Romanos des Meloden. Auch dieses Stundenbuch gibt eine gute Idee der Reichtümer des orthodoxen Gebetsschatzes, und ich hoffe, daß es dem Leser auch zum Herzen spricht.

ADRIAN
Archimandrit des orthodoxen
Klosters Johannes des Vorläufers
in Den Haag

Wir können heute nicht genug daran tun, Texte des östlichen Stundengebetes in unserer Welt zu präsentieren, weil gerade diese Texte in der Urkraft ihrer Gesinnung der Anbetung der westlichen Welt helfen können, auch die eigenen Ursprünge gegen alle Verflachung unserer Zeit wiederzufinden. So ist das aus dem östlichen Horologion zusammengestellte „Stundenbuch für den Alltag", das Gabriel Henning Bultmann ins Deutsche übersetzt hat, ein weiterer Baustein dazu, dem Geist des hymnischen Gebetes zu dienen. Aus vielen Veröffentlichungen der letzten Jahre wurde längst deutlich, welche Sprachkraft Gabriel Henning Bultmann bei der Übersetzung vom Griechischen ins Deutsche zu eigen ist. Manche Besonderheiten, die heute schwerlich mehr verstanden werden, können dabei gern in Kauf genommen werden, weil der Grundklang gänzlich auf die Hinwendung des Menschen an den lebendigen Gott gerichtet ist.

So möchte man diesem Stundenbuch eine reiche Verbreitung wünschen.

WILHELM NYSSEN
Archimandrit der Melkitisch-
Katholischen Kirche des Libanon

ZUM NUTZBRINGENDEN GEBRAUCH DIESES BUCHES

Daß das „Stundenbuch für den Alltag" des entschlafenen Hierohegumen Gabriel nunmehr gedruckt vorliegt, ist für orthodoxe Christen und alle diejenigen, die seine meisterhaften Übertragungen schätzen, eine große Freude. Nun soll dieses Büchlein aber nicht nur eine Himmelsleiter sein, sondern auch eine Brücke zwischen den Christen, denn gerade durch das lebendige Mit- und Füreinanderbeten wird es gelingen, die Bitte unseres gemeinsamen Herrn Jesus Christus zu erfüllen: „Damit alle eins seien, wie Du, Vater, in Mir bist und Ich in Dir."

Dieses Büchlein ist doch eine gewisse Würdigung eines großen Werkes, das bisher viel zu wenig Anklang gefunden hat. Mit Recht schreibt Archimandrit Adrian in seinem Geleitwort, daß Vater Gabriel das Griechisch der Kirchenväter beherrschte wie seine Muttersprache und er ein Dichter war, der mit endloser Geduld um das rechte Wort rang. Er verstand es meisterhaft, getreu dem griechischen Text, getreu dem theologischen Gehalt die Gebete und Hymnen lyrisch und gut singbar, klangvoll und wortmächtig in die deutsche Sprache zu übertragen, und hat uns so die Pfade für eine deutsche Kultsprache geebnet. Unsere deutsche Sprache ist ja so geeignet für die heiligen Dienste und für die Theologie, so daß das Ringen um eine klingende, lyrische, rhythmische Kultsprache umso größere Verantwortung erheischt. „Qui bene cantat duplex orat", wer singt, betet doppelt. Wer bei den heiligen Gebeten seine Übersetzung gebraucht, spürt diese doppelte Kraft des Betens und vermag umso mehr der Aufgabe gerecht zu werden, Sänger der göttlichen Herrlichkeit zu sein. „Singen will ich dem Herrn in meinem Leben, aufspielen meinem Gott, solang ich bin" (Psalm 103). Gerade die Heiligen waren liturgische Menschen, Dichter und Sänger der unsagbaren Herrlichkeit der allheiligen Dreifalt. Dostojewski sagt: „Nur die Schönheit kann die Welt retten", und in der Genesis, nach der Septuaginta-Übertragung, heißt es: „Und Gott sah, daß es schön war." Dies bedeutet: Gerade wenn wir die unaussprechliche, unbegreifliche, unsichtbare, unfaßbare allheilige Dreifalt, Gott den ursprunglosen Vater, Gott den eingeborenen Sohn, Gott den Heiligen Geist preisen, sollen wir dies in Schönheit tun. Gebet und Theologie sind immer dichterisch, lyrisch, schön.

Freilich muß man in die Übertragungen von Vater Gabriel, die kongenial dem griechischen Urtext sind, hineinwachsen. Wer ihnen nicht betend begegnet, der vermag oft ihre Kraft, Sprachgewalt und ihren Gehalt nicht zu erfassen.

Befremdend mögen vor allem die Schreibweise „Ihesus" und die Übertragung des griechischen Wortes „Äon" in „Ewe", sowie *eis tūs aiōnas tōn aiōnōn* in „in die Ewen der Ewen" und *basileia* in „Königtum" sein. Hören wir zu „Ihesus" Vater Gabriel selbst:

„Der Evangelist Lukas, der bekanntlich Griechisch geschrieben hat, berichtet, daß Erzengel Gabriel, von Gott gesandt, der Jungfrau Maria ausdrücklich geboten hat, ihren Sohn Ihesus zu nennen. Daher kommt diesem Namen (Paulus sagt: In keinem anderen Namen ist Heil, und vor Ihm soll sich jedes Knie beugen usw.) größte Bedeutung zu. Wir finden die drei Buchstaben IHS heute noch häufig auf Paramenten und an Gemäuern. Diese drei Buchstaben sind die Anfangsbuchstaben des gottgegebenen heiligen Namens: Iota, Eta, Sigma. Im Deutschen schieben wir gerne zwischen zwei getrennte Vokale das verbindende h ein, z. B. wird Ioannes zu Johannes. Im alten Deutsch ist die Schreibweise Ihesus allgemein üblich, wobei das u der Endsilbe ein langer Vokal ist, nicht ein kurzer wie bei magnus, lupus etc. Die Dreisilbigkeit dieses Namens ist in unserer orthodoxen Gebetspraxis wichtig, besonders bei der hesychastischen Übung des mit dem Herzschlage gesammelten Atmens."

Noch mehr Angriffe „überfluten" die Übertragung „Ewe". Nun ist das sehr erstaunlich, da doch viel wichtiger ist, was dieser Begriff bedeutet, sowie auch das, was vor den „Ewen der Ewen" gesprochen wird, da diese fast immer eine Doxologie, eine Verherrlichung der Kraft, der Schönheit oder des Königtums der allheiligen Dreifalt beschließen. Fast immer lautet jedoch die Frage: Was ist mit dieser Ewe?

Nun hat Vater Gabriel gerade hierin einen schwerwiegenden Fehler korrigiert. „Äon" ist nun einmal nicht „Ewigkeit", schon gar nicht im theologischen Sinn, und wird auch in keiner anderen Sprache so übertragen. Die Lateiner sagen „saeculum" (saeculum ist nicht aeternitas), die Franzosen „siècle" (nicht éternité), im Slawischen heißt es „i wo weki wekow". Leider hatte man in der so begnadeten deutschen Sprache bisher kein Gespür für den feinsinnigen Unterschied zwischen „Ewe" und „Ewigkeit". Die Kirchenväter sprechen oft vom Logos vor den Äonen, der nicht zu trennen ist vom fleischgewordenen Wort; wir können übertragen: „Logos vor den Ewen", aber doch nicht „Logos vor der Ewigkeit". Da beginnt es doch sehr unklar zu werden. Unsere Dienste und unsere Theologie sind wohl über die Logik, aber nie wider die Logik.

So möchte ich alle Christen, Gläubige und Suchende, von Herzen dazu einladen, diese Gebete aus der reichen

Schatzkammer der orthodoxen Kirche zu erproben, denn die christlichen Mysterien sind königliche Gaben, die im Glauben erprobbar, erfahrbar, erlebbar sind.

Eine königliche Aufgabe der Kirche ist es, die Menschen mit Gott zu verbinden. Das Gebet ist ein Gespräch mit Gott, ist gelebte Theologie. „Der betet, ist ein Theologe", sagt ein „Vater". Und welche Kraft hat doch der Lobgesang! Paulus und Silas öffneten die Gefängnistore durch ihren Gesang. Der Lobgesang der drei Jünglinge im Feuerofen rief einen Engel herbei, der das Feuer löschte. Das Beten hilft, uns zurückzunehmen, um gleich den Heiligen die göttliche Gegenwart einziehen zu lassen, die himmlische Atmosphäre zu atmen, mit dem Himmlischen vertraut zu werden. Wir sollen ja die Neue Erde und den Neuen Himmel gemeinsam mit Gott bereiten. Die ganze Schöpfung soll verklärt werden. Wie die Verwandlung von Wasser in Wein bei der Hochzeit zu Kana zeigt, sind Verwandlung, Verklärung, Umwandlung urchristliche Geheimnisse. Leider gibt es so viele falsche Bilder über die Kirche, die doch durch den Heiligen Geist geheiligt wird, um Braut des fleischgewordenen Wortes zu werden. Mögen wir alle Lobpreisende, Danksagende, singende Hochzeitsgäste sein und selber in unserer Seele Hochzeit mit unserem Schöpfer feiern.

Diener bei der Vorbereitung und dem Gelingen der Feier dieser Hochzeit werden uns gewaltige, getreue, große Helfer sein: die *Väter und Mütter der Wüste*. Sie sind ja wahre Meister des Gebets, haben es zur höchsten Blüte gebracht, wissen um die Herrlichkeiten, Wundererweise, Schönheiten, aber auch um die Gefahren, Fallen, Hindernisse dieses heiligen Tuns, das nach dem großen Schriftsteller Georges Bernanos die einzige Revolte ist, die diesen Namen verdient. Ihre Ratschläge helfen uns, daß unser Gebet nicht mißlingt, sondern im

Heiligen Geist stets authentischer, inniger und stärker wird. Somit ist dieses Büchlein auch mit den Bildern dieser Helden des Gebetes geschmückt. Denn ihr Gebet stiftet Frieden, verhindert Kriege, heilt Krankheiten. Als leuchtende Fackeln wirken sie lichtspendend in der Finsternis der gefallenen Welt, diese so erhebend, reinigend, verklärend. Als wahre Freunde ermutigen, spornen, feuern sie uns an, mit dem erhabenen Wagnis des Gebets zu beginnen.

Möge dieses Büchlein helfen, die Schönheit der Kirche, die auf Christus gründet und dem Heiligen Geist folgt, aufleuchten zu lassen und daß wir alle getreu die Weisungen Christi im Heiligen Geist verstehen und befolgen. Nicht so wie jener Franziskaner, der geschlagen wurde, danach die andere Wange hinhielt und darauf sagte: „Jetzt habe ich das Gebot erfüllt, nun kann ich zurückschlagen." In dieser Geschichte verbirgt sich tiefe Wahrheit. Wir brauchen sehr, sehr lange, bis wir die Gebote Christi in ihrer Tiefe, ihrem Geist und Gehalt begreifen. Aber mit jedem Gebet erweitern wir unser bruchstückhaftes Wissen.

Zum Schluß möchte ich Dank sagen: Dank und Vergelt's Gott Vater Gabriel, der mich für das geistige Leben, das Ringen gegen den geistigen Tod begeisterte; Dank und Vergelt's Gott Bischof German, der mich lehrte, die Kirche zu lieben, in ihr zu atmen und ihr zu dienen; Dank und Vergelt's Gott den Hierarchen Johannes Maximowitch und Johannes von Saint-Denis, jenen heiligen Helden, welche die Orthodoxie im Abendland aufleuchten ließen.

PRIESTER WOLFGANG SIGEL

VORWORT

Das Stundengebet ist uralt. Zweck dieses kurzen Stundenbuchs ist es, den Alltag eines rechtgläubigen Christen in der Welt in das Stundengebet der Kirche einzubeziehen. So werden die heiligen Quellen der Überlieferung neu in die Gegenwart strömen.

„Siebenmal des Tages lob ich Dich" und „Um Mitternacht erheb ich mich, Dir zu bekennen", sagt der Psalmist. In den Sprüchen steht: „Wohl siebenmal fällt der Gerechte, er steht wieder auf." Und der Heiland sagt: „Und wenn dein Bruder siebenmal des Tages sündigt wider dich und wenn er siebenmal umkehrt zu Dir und spricht ‚Ich bereu es', so erlaß ihm."

„Wacht und betet, daß ihr nicht in Versuchung fallet, denn der Geist ist zwar willig, aber das Fleisch ist schwach." Daher ist es gut, daß wir, weil wir immer wieder ermatten, uns auch immer wieder besinnen und erheben.

Zu Beginn des Frühlings und Herbstes hat der Tag zwölf, hat die Nacht zwölf Stunden. Teilen wir Tag und Nacht in Strecken von drei Stunden, so haben wir acht Stationen. So war schon im Altertume die Zeit eingeteilt. Im Gleichnisse geht der Herr des Weinbergs auf den Markt, um Arbeiter zu suchen, zur ersten, dritten, sechsten, neunten Stunde, zu den Sammelzeiten also.

Wir verbinden nun den Tag nach dem Laufe der Sonne, gemäß der Schöpfungsordnung, mit dem Leidenswege des Herrn, Der uns ist die wahre Sonne des

Heils. Wir tragen in den natürlichen Taglauf einen geistlichen der Gnade. Der Herr der Schöpfungsordnung ist auch der Herr der Heilsordnung.

Die gemeindlichen Feiern sind Abendamt und Morgenamt, an Sonntagen und Festen kommt die Synaxis, das Hochamt der Liturgie, hinzu. Die übrigen, die Kleinen Stunden, hält der Gläubige in seiner Kammer oder dort, wo es sich trifft.

Das Stundenbuch will kurze, einprägsame Texte geben, die ein jeder bald auswendig kann. So kann er leicht überall das Stundengebet halten. Auch gläubigen Familien und Gruppen soll es dienen. Denn „wo zwei oder drei mitsammen sind in Meinem Namen, bin Ich in ihrer Mitte", spricht der Herr.

Obwohl seit Jahren vorbereitet, wird das Stundenbuch doch Mängel haben. Dafür bitte ich um Vergebung.

GABRIEL HENNING BULTMANN

Ammas Theodora (4. Jahrhundert)

ZUR
ANDACHT ZU JEDER STUNDE

Im „Gebet zu jeder Stunde" sprechen wir: „Der Du zu aller Zeit und jeder Stunde, im Himmel wie auf Erden, angebetet bist und verherrlicht, Christ Gott, Der die Gerechten Du liebest und Dich der Sünder erbarmest, Der Du alle berufest zum Heile durch die Verheißung der künftigen Güter ..."

Zu aller Zeit und jeder Stunde sind wir aufgerufen, anzubeten, die göttliche Herrlichkeit zu besingen, zu lobpreisen. „Unentwegt betet", sagt der Apostel Paulus. Welche Kraft eignet dem Gebet, der Danksagung, dem Lobgesang! Wie die Engel die allheilige Dreifalt unentwegt preisen, so wollen auch wir uns im immerwährenden Lobpreis üben. „Die Aufgabe der Kirche ist es, Gott unentwegt zu preisen und Dank zu erweisen. Dadurch richtet sie wirksamerweise die Welt auf ... Das Gott-Dank-Erweisen befreit den Menschen und die Welt von jeder Abhängigkeit, jedem endgültigen Tod. Dies ist das Vorrecht der Kirche und jedes Gläubigen" (Bischof German von Saint-Denis). Die heilige Therese sagt: „Beten heißt, mit Gott als Freund umgehen." Im Gebet erfahren wir: Wir alle sind Söhne des himmlischen Vaters, Freunde des eingeborenen Sohnes, Gefährten des Heiligen Geistes. Wir alle sind Priester, indem wir Opfer, vor allem unser eigenes Leben, darbringen; Könige, indem wir durch Christus im Heiligen Geist die Leidenschaften bezwingen; Propheten, indem wir den Willen Gottes hören, bewahren und erfüllen. So werden wir fähig zur „Synergia", zum gemeinsamen Wirken mit Gott für unsere eigene Vergöttlichung durch Gnade und die unserer Brüder und die Verklärung der ganzen Schöpfung.

Freilich ist das Gebet eine Anstrengung, eine Mühe, ein Ringen. Doch gehen wir durch diese Kraftanstrengung hindurch, so entströmt es durch den Heiligen Geist nach gewisser Zeit frei und freudig unseren Herzen. Einer der Väter sagt: „Gib Blut und nimm Pneuma!" Und vergessen wir niemals, es gilt, „in Geist und Wahrheit anzubeten".

„Die zu Gott gehen, haben am Anfang Kampf und mancherlei Beschwerden. Hernach jedoch ist die Freude unaussprechlich. Wie diejenigen, die Feuer anzünden wollen, zuerst von Rauch belästigt werden und weinen müssen und auf diese Weise das Gewünschte erreichen – denn es steht geschrieben: Unser Gott ist ein verzehrendes Feuer (Hebräer 12,29) –, so müssen auch wir das göttliche Feuer in uns entfachen mit Tränen und Mühen", sagt Amma Synkletika.

Altvater Johannes lehrte: „Das Hauptbestreben eines Mönches soll sein, Gott ein reines Gebet darzubringen. So sagt ja auch der Herr im Evangelium: Wenn ihr dasteht, um zu beten, dann vergebt, wenn ihr etwas gegen jemand habt. Wenn ihr aber nicht vergebt, wird auch euch eure Sünden nicht vergeben euer Vater im Himmel (Markus 11,25). Wenn wir aber, wie gesagt, mit reinem Herzen und frei von Sünden und Leidenschaften sind und so vor Gott hintreten, dann können wir Ihn, soweit das dem Menschen möglich ist, mit dem inneren Auge sehen, nicht mit dem Auge des Leibes, sondern mit dem der Seele. Niemand glaube, daß er die Wahrheit Gottes sehen könne, wie sie wirklich ist, so daß man sich im Herzen eine Gestalt oder ein Bild machen könne, das einem körperlichen Bilde ähnlich ist ... Darum müssen wir mit Ehrfurcht und heiligem Erschauern vor Gott hintreten und das innere Auge so auf Ihn richten, daß wir immer glauben, Er sei weit erhaben über allen Glanz, alle Schönheit, Herrlichkeit und Majestät, die wir mit unserem Geiste fassen können. Doch muß unser Herz rein und ohne Makel sein. Das soll das Streben derer sein, die der Welt entsagen und Gott folgen wollen, wie geschrieben steht: Seid still und schauet, denn Ich bin der Herr, euer Gott (Psalm 45,11). Wenn er nun, soviel einem Menschen möglich ist, Gott erkennt, dann wird er auch voranschreiten in der Erkenntnis anderer geistlicher Dinge, und er wird die Mysterien Gottes verstehen. Je reiner das Herz ist, desto mehr offenbart und enthüllt ihm Gott Seine Geheimnisse. Er wird nun Gottes Freund, wie jene, von denen der Erlöser sagt: Nicht mehr Knechte nenne Ich euch, sondern Freunde (Johannes 15,18). Alles, was ein solcher Mensch von Gott erbittet, wird Er ihm, als Seinem treuen Freund, gewähren."

So mancher mag einwenden, er habe nicht genug Zeit zum Beten, jedoch der betende Mensch entdeckt, daß er nicht mehr Knecht, sondern Herr der Zeit ist, plötzlich mehr Zeit und Kraft erworben hat. So wird jeder Augenblick zur heiligen Zeit, zum Kairos, eingebettet in die Heilsgeschichte; jeder Tag wird ein Fest, die Zeit wird geöffnet auf das Königtum der Himmel, auf die kommende Ewe hin. „Heute, wenn ihr Seine Stimme höret, habet nicht verhärtet eure Herzen" (Psalm 94). Wie wichtig ist dieses „Sēmeron", „Hodie", „Heute".

Ein Hauptgedanke von Vater Gabriel war ja auch, das Stundenbuch so auszuwählen und zusammenzustellen, daß ein jeder bald die Gebete auswendig sprechen kann. So erwirbt sich jeder einen Schatz im Himmel. Denn wie wichtig ist doch das Auswendiglernen, wieviel an Gebeten, Liedern, Gedichten und Sprüchen konnten unsere

Ahnen noch auswendig. Wieviel geht verloren, lernen wir nicht mehr auswendig, prägen wir uns diese Schätze nicht ins Herz ein! Und welch ein Unterschied, ob ich mich ärgere, wenn ich im Supermarkt in der Schlange stehe, oder einen Psalmvers meditiere.

Noch etwas zur Übertragung der Psalmen: Sie sind natürlich aus der Septuaginta genommen, denn diese ist bis heute der maßgebliche Text für die orthodoxe Kirche. Vielleicht gibt das Büchlein auch hier eine Anregung, endlich die Übertragung der Septuaginta in die deutsche Sprache zu wagen.

Nun mögen sich aber alle auf das Abenteuer des Gebetes einlassen, denn das geistliche Leben besteht aus vielen spannenden Abenteuern, weit spannender als alle anderen, und möge ein jeder die einzig dem Christen erlaubte „Karriere" beginnen, heilig zu werden.

Andacht zu jeder Stunde und zu jeder Gelegenheit

Obwohl das Wort Andacht, wie so viele Wörter, für manche keinen guten Klang hat, gebrauchen wir es. Denn es ist ein schönes und passendes Wort. Wir müssen ihm einen neuen Inhalt geben, denn es meint hier nicht private Gefühlsfrömmigkeit im Gegensatz zur kirchlichen Gebetshaltung, sondern steht für die Gebetsstationen der Tageszeiten. – Diese Andacht zu jeder Stunde soll einen typischen Rahmen darstellen, entsprechend dem allgemeinen Brauche byzantinischer Überlieferung. Sie soll die übliche Einleitung und die üblichen Haltungen angeben. Sie soll dienen können für jede sich ergebende Gelegenheit.

+

Stelle dich, mit dem Angesicht nach Sonnenaufgang, in schlichter Haltung hin und warte, bis deine Sinne gesammelt sind. Dann verneige dich dreimal, indem du das Haupt leicht fallen läßt, und sprich dazu im Herzen:

Gott, genade mir Sünder, und erbarm Dich mein.

Dann verneige dich gegen die rechte und gegen die linke Seite, sprich dazu im Herzen:

Segnet, Väter und Brüder. Verzeiht, soviel ich gefehlt durch Tun oder Lassen, und betet für mich Sünder.

Wenn du das heilige Kreuz, das heilige Evangelion oder die heiligen Ikonen küssen willst, verneig dich zweimal davor, berühr sie mit der Stirn und mit den Lippen, verneig dich darauf das drittemal. Dann steh auf deinem Platze, nach Osten gewandt, und sprich mit deiner Stimme:

Durch die Gebete unserer heiligen Väter,
Herr Ihesus Christ, Gottes Sohn,
erbarm Dich unser. Amen.

Dabei zeichne das Mal des Kreuzes über dich. Dazu leg die Finger der Rechten so, daß sie eine Dreiheit und eine Zweiheit bilden, wodurch die großen Glaubensgeheimnisse der göttlichen Dreifalt und der Einheit des göttlichen und des menschlichen Wesens in der Person des Gottmenschen ausgedrückt werden. Allgemein üblich ist, daß Daumen, Zeige- und Mittelfinger an den Spitzen zusammengelegt, Ringfinger und Kleinfinger zusammen eingebogen werden. Es ist aber auch durch die Altrussen der Brauch erhalten, daß Daumen mit Ringfinger und Kleinfinger zusammengelegt werden, der Mittelfinger aber kreuzförmig dem ausgestreckten Zeigefinger anliegt. – Bezeichne mit der Rechten die Stirn zum Worte „Herr", den Leib zu den Worten „Ihesus Christ", die rechte Schulter zu „Gottes Sohn" und die linke zu „erbarm Dich". Zum „Amen" neige danach das Haupt. – Dann erheb die Augen und sprich den Stichos, den Vers:

Herrlichkeit Dir, unser Gott, Herrlichkeit Dir.

Darauf sprich oder sing die *Stichire*, den Versgesang, im Tone 6 (nach dem Oktoichos):

König, himmlischer, + Beistand, + Geist der Wahrheit, + Allgegenwärtiger, + das All Erfüllender, + Hort der Güter + und Walter des Lebens: O komm + und nimm Wohnung in uns, + reinig uns von aller Makel + und rett, Guter, + unsere Seelen.

Darauf sprich dreimal das *Trishagion*, das Drei-Heilig:

Heilig Du Gott, Heilig Du Starker,
Heilig Du Unsterblicher:
Erbarm Dich unser.
Heilig Du Gott, Heilig Du Starker,
Heilig Du Unsterblicher:
Erbarm Dich unser.
Heilig Du Gott, Heilig Du Starker,
Heilig Du Unsterblicher:
Erbarm Dich unser.

Bezeichne das Haupt „Heilig Du Gott", den Leib „Heilig Du Starker", rechte Schulter „Unsterblicher", linke „Erbarm Dich", und verneig dich darauf.

– Darauf, ohne Kreuzzeichen oder Verneigung (denn die wesenseine, untrennbare Dreifalt soll ohne Bruch zusammen genannt werden):

Allheilige Dreifalt, erbarm Dich unser:
Herr, genade unseren Sünden.
Gebieter, verzeih uns die Verschulden.
Heiliger, such heim und heil unsere Gebrechen,
um Deines Namens willen.

Und mit Verneigung:

Herr, erbarm Dich. Herr, erbarm Dich.
Herr, erbarm Dich.

Und wieder:

Herrlichkeit dem Vater und dem Sohne
und dem Heiligen Geiste,
und jetzt und immerdar
und in die Ewen der Ewen. Amen.

Das Herrengebet

Vater unser, Du in den Himmeln:
Geheiliget sei der Name Dein.
Es komme das Königtum Dein.
Es werde der Wille Dein,
wie im Himmel auf Erden.
Das Brot, uns zum Sein, gib uns heute.
Und erlaß uns unsere Schulden,
so wir erlassen unseren Schuldnern.
Und nicht gib uns preis der Versuchung,
sondern befrei uns von dem Bösen.
Denn Dein ist das Königtum und die
Kraft und die Herrlichkeit, jetzt und
immerdar, und in die Ewen der Ewen.
Amen.

> In ökumenischem Geiste für diejenigen Beter, die diese Fassung gewohnt sind:

Vater unser im Himmel,
geheiligt werde dein Name.
Dein Reich komme,
dein Wille geschehe
wie im Himmel so auf Erden.
Unser tägliches Brot gib uns heute.
Und vergib uns unsere Schuld,
wie auch wir vergeben unsern Schuldigern.
Und führe uns nicht in Versuchung,
sondern erlöse uns von dem Bösen.
Denn dein ist das Reich und die Kraft
und die Herrlichkeit in Ewigkeit.
Amen.

Darauf zwölfmal:

Herr, erbarm Dich. Herr, erbarm Dich.
Herr, erbarm Dich.
Herr, erbarm Dich. Herr, erbarm Dich.
Herr, erbarm Dich.
Herr, erbarm Dich. Herr, erbarm Dich.
Herr, erbarm Dich.
Herr, erbarm Dich. Herr, erbarm Dich.
Herr, erbarm Dich.

Und wiederum:

Herrlichkeit dem Vater und dem Sohne
und dem Heiligen Geiste,
und jetzt und immerdar
und in die Ewen der Ewen. Amen.

Darauf die übliche Einleitung in die Psalmodie, jeweils eine Verneigung am Ende:

Kommt, beten wir an und fallen wir nieder
vor unserem Könige Gott.
Kommt, beten wir an und fallen wir nieder
vor Christ, unserem Könige Gott.
Kommt, beten wir an und fallen wir nieder
vor Ihm, Christ unserem Könige Gott.

Hier beginn *Psalmen* zu lesen oder zu singen, welche du willst. Wir geben hier drei Psalmen als Beispiel, die Zählung nach Septuaginta und Vulgata, wie sie in römisch-katholischen und orthodoxen Ausgaben Brauch ist. Bei der Psalmlesung, wie auch bei Lesungen des Alten Testamentes sonst, darf man sitzen.

Psalm 69

Gott, merk auf meine Hilfe,
o Herr, eil mir zu helfen.
Zuschanden sollen werden und sich kehren,
die da mir trachten nach der Seele.
Zurück sollen sich wenden, rot vor Scham,
die da mir Böses wollen.
Umkehren sollen sie in Schimpf und Schande,
die mir da höhnen: Recht ihm, recht ihm.
Frohlocken sollen aber und in Dir sich freuen
alle, die Dich suchen, Gott.
Die da sprechen immerdar:
Hochgepriesen der Herr!
Sie, die da lieben Dein Heil.
Ich aber, arm bin ich und elend,
o Gott, eil mir zu Hilfe.
Mein Helfer bist und mein Befreier Du,
o Herr, nicht wolle säumen.

Psalm 90

Der da wohnet im Schutze des Höchsten,
im Schirme des Himmelgottes lagert,
sprich zum Herrn: Du bist mein Beistand,
meine Zuflucht,
mein Gott, auf Den ich traue.
Denn Er erlöset dich aus Fängers Schlinge
und von der Drohung aus dem Hinterhalt.
Er birgt dich in Seinem Gefieder,
auf Seine Fittiche traue,
wie ein Wall umgibt dich Seine Wahrheit.

Du erschrickest nicht vor nächtlichem
Schrecken,
vor dem Pfeile, der schwirret des Tages.
Nicht vor der Seuche, die schleichet im Finstern,
noch vor dem Fieber, das senget zu Mittag.
Fallen zu deiner Seite Tausende, Zehntausende
zu deiner Rechten,
dir aber wird es nicht nahen.
Doch mit eigenen Augen wirst du betrachten
und Vergeltung an den Sündern gewahren.
Denn Du, Herr, bist meine Hoffnung,
den Höchsten hast du dir gewonnen als Zuflucht.
Nicht kommet an dich das Schlechte heran,
und Plage nicht nahet deinem Gezelte.
Denn Seinen Engeln hat Er geboten für dich,
daß sie dich behüten auf all deinen Wegen.
Auf Händen sollen sie dich tragen,
daß an keinen Stein stoße dein Fuß.
Über Schlange und Natter wirst du hinschreiten
und niedertreten Löwen und Drachen.
Weil er hanget an Mir, will Ich ihn befreien,
ihn beschützen, denn er kennt Meinen Namen.
Er rufet zu Mir, und Ich höre auf ihn,
führe heraus und verherrliche ihn.
Mit Länge von Tagen will Ich ihn sättigen
und ihm erzeigen Mein Heil.

Psalm 116

Lobt den Herrn, all ihr Stämme,
lobt Ihn, all ihr Völker.
Da sich an uns erwiesen Seine Huld,
des Herren Wahrheit währet in die Ewe.

<small>Der übliche Abschluß der Psalmodie:</small>

Herrlichkeit dem Vater und dem Sohne
und dem Heiligen Geiste,
und jetzt und immerdar
und in die Ewen der Ewen. Amen.

<small>Darauf dreimal mit Verneigungen:</small>

Hallelujah, Hallelujah, Hallelujah,
Herrlichkeit Dir Gott.
Hallelujah, Hallelujah, Hallelujah,
Herrlichkeit Dir Gott.
Hallelujah, Hallelujah, Hallelujah,
Herrlichkeit Dir Gott.

Das Symbolon oder Nikäo-
konstantinopolitanische Glaubensbekenntnis

Ich glaube an den einen Gott, den Vater, den Allmächtigen, den Schöpfer des Himmels und der Erde, des sichtbaren Alls und des unsichtbaren.
Und an den einen Herren Ihesus Christ, Gottes Sohn, den Eingeborenen, den aus dem Vater gezeugten vor allen Ewen.
Das Licht vom Lichte, den wahren Gott vom wahren Gott, den Gezeugten, Nicht-Geschaffe-

nen, den dem Vater Wesensgleichen, durch den das All ist geworden.
Den für uns Menschen und um unser Heil Herabgestiegenen aus den Himmeln, und Fleischgewordenen aus dem Heiligen Geiste und Maria der Jungfrau und Menschgewordenen.
Den auch für uns Gekreuzigten unter Pontius Pilatus, und Leiderfahrenen und Begrabenen.
Und den Erstandenen am dritten Tage, schriftgemäß.
Und Aufgestiegenen in die Himmel und da Sitzenden zur Rechten des Vaters.
Und den da Wiederkommenden mit Herrlichkeit, zu richten Lebende und Tote, Des Königtum sein wird kein Ende.
Und an den Heiligen Geist, den Herren, den Lebenschaffenden. Den aus dem Vater Hervorgehenden, den mit dem Vater und dem Sohne Mitangebeteten und Mitverherrlichten, den durch die Propheten Sprechenden.
Und an die Eine Heilige Katholische und Apostolische Kirche.
Ich bekenne die eine Taufe zum Nachlaß der Sünden.
Ich erwarte die Auferstehung der Toten und das Leben der kommenden Ewe.
Amen.

In ökumenischem Geiste für diejenigen Beter, die dieses Glaubensbekenntnis gewohnt sind:

Ich glaube an Gott, den Vater, den Allmächtigen, den Schöpfer des Himmels und der Erde,
und an Jesus Christus, seinen eingeborenen Sohn, unsern Herrn, empfangen durch den Heiligen Geist, geboren von der Jungfrau Maria, gelitten unter Pontius Pilatus, gekreuzigt, gestorben und begraben, hinabgestiegen in das Reich des Todes, am dritten Tage auferstanden von den Toten, aufgefahren in den Himmel; er sitzt zur Rechten Gottes, des allmächtigen Vaters; von dort wird er kommen, zu richten die Lebenden und die Toten.
Ich glaube an den Heiligen Geist, die heilige katholische Kirche, Gemeinschaft der Heiligen, Vergebung der Sünden, Auferstehung der Toten und das ewige Leben.
Amen.

Und das dogmatische *Theotokion*:

Wie bist du würdig doch fürwahr + der Seligpreisung, Gottgebärerin, + immerglückseligste, allmakelfreie + Mutter unseres Gottes du. + Ehrwürdger denn die Cherubim + und herrlicher ohngleichen + denn die Seraphim, + die du hast unversehrt + geboren Gott das Wort, + bist wahrhaft Gottgebärerin, + dich preisen wir hoch.

Darauf wieder das *Trishagion:*

Heilig Du Gott, Heilig Du Starker,
Heilig Du Unsterblicher:
Erbarm Dich unser.
Heilig Du Gott, Heilig Du Starker,
Heilig Du Unsterblicher:
Erbarm Dich unser.
Heilig Du Gott, Heilig Du Starker,
Heilig Du Unsterblicher:
Erbarm Dich unser.

Herrlichkeit dem Vater und dem Sohne
und dem Heiligen Geiste,
und jetzt und immerdar
und in die Ewen der Ewen. Amen.

Allheilige Dreifalt, erbarm Dich unser:
Herr, genade unseren Sünden.
Gebieter, verzeih uns die Verschulden.
Heiliger, such heim und heil unsere Gebrechen,
um Deines Namens willen.

Herr, erbarm Dich. Herr, erbarm Dich.
Herr, erbarm Dich.

Herrlichkeit dem Vater und dem Sohne
und dem Heiligen Geiste,
und jetzt und immerdar
und in die Ewen der Ewen. Amen.

Das Herrengebet

Vater unser, Du in den Himmeln:
Geheiliget sei der Name Dein.
Es komme das Königtum Dein.
Es werde der Wille Dein,
wie im Himmel auf Erden.
Das Brot, uns zum Sein, gib uns heute.
Und erlaß uns unsere Schulden,
so wir erlassen unseren Schuldnern.
Und nicht gib uns preis der Versuchung,
sondern befrei uns von dem Bösen.
Denn Dein ist das Königtum und die
Kraft und die Herrlichkeit, jetzt und
immerdar, und in die Ewen der Ewen.
Amen.

Allgemein gebräuchliche Fassung:

Vater unser im Himmel,
geheiligt werde dein Name.
Dein Reich komme,
dein Wille geschehe
wie im Himmel so auf Erden.
Unser tägliches Brot gib uns heute.
Und vergib uns unsere Schuld,
wie auch wir vergeben unsern Schuldigern.
Und führe uns nicht in Versuchung,
sondern erlöse uns von dem Bösen.
Denn dein ist das Reich und die Kraft
und die Herrlichkeit in Ewigkeit.
Amen.

Hierauf folgt *vierzigmal* das

Herr, erbarm Dich.

Oder sprich, sooft du willst, das *Namensgebet:*

Herr Ihesus Christ, Gottes Sohn –
genade mir Sünder.

Mach dabei Verneigungen, soviel du willst, oder auch Niederfälle, Große Metanoiden, diese aber nie an einem Samstag oder gar Sonntag, nie in der Osterzeit und an einem Herrenfest. Oder trage hier dem Herrn die Anliegen vor, welche du hast.

Und darauf das *Gebet zu jeder Stunde:*

Der Du zu aller Zeit und jeder Stunde, im Himmel wie auf Erden, angebetet bist und verherrlicht, Christ Gott, Der die Gerechten Du liebest und Dich der Sünder erbarmest, Der Du alle berufest zum Heile durch die Verheißung der künftigen Güter: Du, Herr, empfang auch zu dieser Stunde unsere Bitten. Richt aus unser Leben nach Deinen Geboten. Heilig unsere Seelen, reinig unsere Leiber, ordne unser Denken, läuter unser Sinnen. Und befrei uns aus aller Drangsal, von allem Übel und Weh. Umschirm uns mit Deinen heiligen Engeln, daß wir, in ihrer Hut bedeckt und geleitet, gelangen zur Einheit des Glaubens und zur Erkenntnis Deiner unzugänglichen Herrlichkeit: Der Du gesegnet bist in die Ewen der Ewen. Amen.

Und die *Entlassung:*

Herr, erbarm Dich. Herr, erbarm Dich.
Herr, erbarm Dich.

Herrlichkeit dem Vater und dem Sohne
und dem Heiligen Geiste,
und jetzt und immerdar
und in die Ewen der Ewen. Amen.

Ehrwürdger denn die Cherubim, und herrlicher ohngleichen denn die Seraphim, die du hast unversehrt geboren Gott das Wort, bist wahrhaft Gottgebärerin, dich preisen wir hoch.

Und ruf an die *Heiligen,* deren gedacht wird:

Heiliger N., fleh du zu Gott für uns.
Heiliger N., fleh du zu Gott für uns.
Und all ihr Heiligen, o fleht zu Gott für uns.

Und am Ende wieder:

Durch die Gebete unserer heiligen Väter,
Herr Ihesus Christ, Gottes Sohn,
erbarm Dich unser. Amen.

ZUM ABENDLOB

„Singen will ich dem Herrn in meinem Leben, aufspielen meinem Gott, solang ich bin." So beten, singen, preisen wir jeden Abend. Möge unser Herz immer so frisch sein, daß wir unserem Gott singen und aufspielen. Der heilige Johannes Klimax sagt gar: „Deine Liebe verwundet meine Seele, und mein Herz kann ihre Flammen nicht ertragen. Singend schreite ich vorwärts ..."
Wenn wir die göttliche Schönheit besingen, vermag der Herr noch viel Größeres auf unserem bescheidenen, untauglichen Gesang aufzubauen. Wer sich auf das geistige Abenteuer des Gebets einläßt, dem eröffnen sich ganz neue, wunderbare Wirklichkeiten, und er gewinnt die Kraft, sich, seine Brüder und die Schöpfung zu wandeln. Darum möge jeder die große Gabe Gottes annehmen, Ihm, dem Überseienden, im Gebet zu begegnen und so am göttlichen Leben teilzuhaben.

Gerade im Abendlob – freilich deutlicher noch in der ungekürzten Weise – sehen wir, wie der Gläubige immer tiefer in die Mysterien eingeweiht wird. Und er besingt den neuen Tag, denn der liturgische Tag beginnt mit dem Abendlob: „Und es ward Abend und es ward Morgen, der erste Tag" (Genesis 1,5).

Der feierliche Dienst beginnt mit dem Ausruf des Priesters: „Gesegnet unser Gott!" Die heilige Tür ist geöffnet, wie der offene Himmel des Paradieses. Mit dem Weihrauchfaß schreitet der Priester weihräuchernd durch den Tempel, ihm voran der Diakon mit brennender Kerze. Den Weihrauch können wir hier als Symbol des Heiligen Geistes ansehen, der bei der Schöpfung über den Wassern schwebte; das Licht der Kerze vergegenwärtigt das „Es werde Licht!"

Dann wird der Schöpfungspsalm gelesen oder gesungen. Wir schauen die Schöpfung in all ihrer Pracht, in die Gott sie gekleidet. Jeder Gläubige sollte diesen Psalm auswendig können und im Herzen bewahren, um uns immer bewußt zu sein, daß wir unsere gefährdete Umwelt schützen und retten, ja gar verklären sollen. In welchem Glanz erstrahlte doch die Schöpfung vor dem Fall des Menschen!

Die Psalmen 140, 141, 129 und 116, die nun angestimmt werden, vergegenwärtigen uns den Fall des Menschen, die Vertreibung aus dem Paradies. Die Tür ist jetzt geschlossen. In dem Gesang „Aufsteige mein Gebet wie Weihrauch vor Dein Antlitz" ermahnen wir uns, daß wir mit ganzem Herzen, ganzer Seele, mit unserer ganzen Kraft und in Schönheit beten sollen, auf daß unsere Gebete nicht kraftlos und ermattet auf dem Boden liegen bleiben, sondern „wie Wohlgeruch aus reinem Herzen zu Gott aufsteigen".

„Aus den Tiefen rufe ich zu Dir, o Herr" (Psalm 129): In der vorhergehenden Psalmlesung haben wir uns gesammelt, sind ruhig geworden von den Sorgen des Alltags; nun ruft die Tiefe unseres Falles aus der Höhe die Tiefe des göttlichen Erbarmens herab. Und sieh, Gott erhört unser Gebet, das Geheimnis der Fleischwerdung wird feierlich im Dogmatikon besungen. Die heilige Tür ist wieder geöffnet, denn seit der Fleischwerdung Christi ist die Trennwand zwischen Himmel und Erde niedergerissen. „Kommt, frohlocken wir dem Herrn, + durchkosten wir das gegenwärtige Geheimnis. + Die Sperrmauer sinket dahin, + das Flammenschwert weichet zurück +

und der Cherub gibt den Baum des Lebens frei. + Ich aber nun, + der Köstlichkeit des Paradieses bin ich teilhaft" (so besingen wir das Geheimnis der Fleischwerdung an Christgeburt). Dem Schrei des Jesaja: „Wenn Du doch die Himmel zerrissest und führest herab zur Erde", wurde mehr als geantwortet, denn nicht nur erschien Christus als vollkommener Gott und vollkommener Mensch auf Erden, sondern er stieg nach Kreuz und Grab und seinem herrlichen Auferstehn in die Himmel empor, zog und erhöhte die menschliche Natur zur Rechten des Vaters, sandte den Heiligen Geist, so daß wir schon hier auf Erden im Geiste durch die Mysterien am göttlichen Leben teilzuhaben vermögen. Da die Gottgebärerin durch ihr „Ja" zur Fleischwerdung als erste, für alle Menschen und alle Menschen einladend, auch mit Gott zu wirken, die menschliche Zustimmung gab, ist das Dogmatikon stets an sie, die Theotokos, gerichtet.

Strahlend, errettet, verklärt singt der Chor nun „Licht, heiteres Du", diesen großartigen urkirchlichen Hymnos, den vielleicht schon die Apostel gesungen. Das Licht Christi in den Herzen soll die Nacht und alles Finstere überstrahlen. Licht, Erleuchtung sind wichtige Wirklichkeiten unseres geistigen Lebens. Die Taufe, eines der Einweihungsmysterien, wurde früher „Erleuchtung" genannt. In der Göttlichen Liturgie singen wir: „Wir haben gesehen das wahre Licht." In der Doxologie sagen wir: „In Deinem Lichte sehen wir das Licht." In der Heiligen Schrift, ja in der ganzen heiligen Überlieferung finden wir unzählige Hinweise und Stellen, die von Licht, von göttlicher Erleuchtung sprechen. Und auch der uns so liebgewordene Gebrauch der Öllämpchen und Kerzen zeugt von dieser Wirklichkeit. Und wie sind doch unsere Gotteshäuser in der heiligen Osternacht von Licht überflutet! (Es würde den Rahmen dieses Büchleins sprengen, über das „ungeschaffene

Licht" zu sprechen. Aber ein Buch über die Theologie der Verklärung, Maximos den Bekenner, Symeon den Neuen Theologen, Gregor Palamas, Seraphim von Sarov wäre dringend notwendig.)

Im Gebet „Nun entlässest, Gebieter" spüren wir die Freude, die ein jeder empfängt, wenn er dem Herrn im Heiligen Geiste begegnet, wir empfangen den großen göttlichen Frieden, die Menschheit des alten Bundes gibt der des neuen Bundes Raum, die Schöpfung ist nun schwanger der Neuen Erde, des Neuen Himmels.

Aus diesen kleinen, unvollkommenen Hinweisen ersehen wir, daß es nicht um eine exotische orthodoxe Kirche der „Zwiebeltürme, tiefen Bässe, alten Ikonen, langen Bärte" geht, sondern um den „Himmel auf Erden", wie Sergej Bulgakow die Göttliche Liturgie so schön beschreibt; alles hat seine tiefe heilsgeschichtliche und theologische Bedeutung, der Mensch singt das Lob der unbegreiflichen göttlichen Liebe. Gott ist Mensch geworden, auf daß der Mensch durch Gnade vergöttlicht werde; das Wort ist Fleisch geworden, auf daß das Fleisch Wort werde und der Mensch wirke gemeinsam mit Gott, auf daß die Welt zur Kirche, die ganze Schöpfung verklärt werde. Nach dem Bilde Gottes ist der Mensch geschaffen, und so können wir in jedem Menschen das Bild Gottes erkennen und verehren, es in uns und unseren Brüdern zur schönsten Entfaltung bringen.

Abendlob
Feier des Lichtentzündens

Der *Hesperinos* oder das *Lychnikon* ist eine Gemeindefeier vor Sonnenuntergang. Die Gläubigen versammeln sich in der Kirche mit dem Priester und dem Diakon, den Lesern und Sängern. Das hier gegebene Abendlob ist eine entsprechende Hausfeier. Mit dem Lichtentzünden beginnt der neue Tag. Die Christen erwarten den neuen Morgen. Das Licht Christi in den Herzen soll die Nacht und alles Finstere überstrahlen.

+

Durch die Gebete unserer heiligen Väter,
Herr Ihesus Christ, Gottes Sohn,
erbarm Dich unser. Amen.

Herrlichkeit Dir, unser Gott, Herrlichkeit Dir.

Zu Beginn die *Psalmodie:*

Kommt, beten wir an und fallen wir nieder
vor unserem Könige Gott.
Kommt, beten wir an und fallen wir nieder
vor Christ, unserem Könige Gott.
Kommt, beten wir an und fallen wir nieder
vor Ihm, Christ unserem Könige Gott.

Psalm 103

Segne, du meine Seele, den Herrn.
Herr, mein Gott, wie bist Du gar erhaben,
Pracht und Hoheit hast Du angelegt.
Licht hast Du umgetan wie ein Gewand,
ausgespannt den Himmel wie ein Zelt.
Der Du auf Wassern bauest Deine Hochgewölbe,
Der Du wählest Wolken Dir als Wagen,
Der Du wandelst auf der Winde Fittichen.
Der Du Dir schaffest Engel, Geister,
und Dir Liturgen, Feuers Flamme.
Der die Erde Du gegründet hast auf ihrer Feste,
nicht in die Ewe der Ewe wanket sie.
Der Abgrund kleidet sie wie ein Gewand,
auf den Bergen stehen Wasser.
Vor Deinem Drohen fliehen sie,
vor Deines Donners Grollen weichen sie.
Da ragten Berge auf, da senkten sich die Täler,
zum Orte, den Du ihnen festgesetzt.
Die Grenze setztest Du, die sie nicht
überschreiten,
noch kehren sie zurück, die Erde zu bedecken.
Du sendest Quellen in Gestade,
mitten durch Gebirge ziehen Wasser.
Die tränken all des Haines Wild,
Waldesel stillen ihren Durst.
Darüber wohnen die Vögel des Himmels,
mitten aus dem Gezweige tönet ihr Schall.
Du tränkest die Berge aus Deinen Gewölben,
an der Frucht Deiner Werke die Erde sich labt.

Du lässest sprießen Kraut dem Wild,
Getreide zu des Menschen Dienst,
daß er gewinne aus der Erde Brot.
Und Wein erfreut des Menschen Herz,
heiter wie von Öl macht er sein Angesicht,
Brot gibt dem Menschenherzen Kraft.
Genährt wird das Gehölz des Herrn,
die Zedern Libanons, die Er gepflanzt.
Allwo die Vöglein nisten,
des Storchen Wohnsitz in den Wipfeln.
Die Bergeshöhen bieten Hirschen,
den Wieseln Zuflucht das Geröll.
Du hast den Mond gemacht für die Gezeiten,
die Sonne kennet ihren Untergang.
Du setzest Dunkel, dann ist Nacht,
da sich ergehet all des Haines Wild.
Junglöwen brüllen um ihr Teil
und fordern sich von Gott ihr Mahl.
Aufgeht die Sonne, und sie rotten sich,
und lagern sich in ihren Höhlen.
Auftritt der Mensch für sein Werk,
für seine Arbeit bis Abend.
Wie sind erhaben Deine Werke, Herr,
alles hast in Weisheit Du erschaffen,
Deiner Schöpfung ist die Erde voll.
Sieh da, die See, so groß und weit,
dort ein Gewimmel ohne Zahl,
Lebewesen klein und groß.
Dort ziehen Boote ihre Bahn,
tummelt sich Leviathan, den Du geformt
zum Spiele.

Alle warten sie auf Dich,
daß Du ihnen Speise gibst zur Zeit.
Gibst Du ihnen, sammeln sie,
öffnest Du Deine Hand,
werden sie satt des Guten.
Wendest Du ab Dein Antlitz, zittern sie,
nimmst Du ihren Odem, schwinden sie,
zerfallen wiederum zu Staub.
Sendest Du Deinen Geist, sind sie erschaffen,
und Du erneust der Erde Angesicht.
Es währe in die Ewe die Herrlichkeit des Herrn,
der Herr erfreu Sich Seiner Werke.
Der da blicket auf die Erde, sie bebt,
Der da rühret an die Berge, sie rauchen.
Singen will ich dem Herrn in meinem Leben,
aufspielen meinem Gott, solang ich bin.
Willkommen sei Dir mein Gespräch,
ich aber, ich freue mich des Herrn.
Hinweg die Sünder von der Erde,
die Ungerechten, daß keiner mehr sei.
Segne, du meine Seele, den Herrn.

Darauf:

Die Sonne kennet ihren Untergang,
Du setzest Dunkel, dann ist Nacht.
Wie sind erhaben Deine Werke, Herr,
alles hast in Weisheit Du erschaffen.
Herrlichkeit dem Vater und dem Sohne
und dem Heiligen Geiste.
Und jetzt und immerdar
und in die Ewen der Ewen. Amen.

Hallelujah, Hallelujah, Hallelujah,
Herrlichkeit Dir Gott.
Hallelujah, Hallelujah, Hallelujah,
Herrlichkeit Dir Gott.
Hallelujah, Hallelujah, Hallelujah,
Herrlichkeit Dir Gott.

Wenn du die Psalmodie fortsetzen willst:

Herr, erbarm Dich. Herr, erbarm Dich.
Herr, erbarm Dich.

Herrlichkeit dem Vater und dem Sohne
und dem Heiligen Geiste,
und jetzt und immerdar
und in die Ewen der Ewen. Amen.

Psalm 8 (als Beispiel)

Herr, unser Herr,
wie wunderbar ist doch Dein Name
auf der ganzen Erde.
Denn erhaben ist Deine Großmächtigkeit
hoch über die Himmel.
Aus dem Munde von Kindern und Säuglingen
bereitest Du Lob um Deiner Feinde willen,
daß Du verstummen machest Feind und
Rechthaber.
Wenn ich sehe die Himmel,
Werke Deiner Finger,
Mond und Sterne, die Du festgesetzt:
Was ist der Mensch, daß Du gedenkest sein,
oder des Menschen Sohn, daß Du schauest
auf ihn?

Du hast ihn minder gemacht ein wenig nur
denn die Engel,
mit Herrlichkeit und Ehre hast Du ihn gekrönt.
Und ihn gesetzt über die Werke Deiner Hände,
alles hast Du untergeben unter seine Füße.
Schafe und Rinder allzumal,
dazu noch die Tiere des Feldes.
Die Vögel des Himmels und die Fische der See,
die dahinziehen die Pfade der Meere.
Herr, unser Herr,
wie wunderbar ist doch Dein Name
auf der ganzen Erde.

> Am Schluß der Psalmodie wieder:

Herrlichkeit dem Vater und dem Sohne
und dem Heiligen Geiste,
und jetzt und immerdar
und in die Ewen der Ewen. Amen.

Hallelujah, Hallelujah, Hallelujah,
Herrlichkeit Dir Gott.
Hallelujah, Hallelujah, Hallelujah,
Herrlichkeit Dir Gott.
Hallelujah, Hallelujah, Hallelujah,
Herrlichkeit Dir Gott.

> Nach der Psalmodie oder, falls keine war, nach dem Eingang
> das *Gebet vor dem Lichtanzünden:*

Des Abends und des Morgens und des Mittags
loben und segnen wir Dich und danken wir Dir.
Und wir bitten Dich, Allherrscher, richt aus

unser Gebet, dem Weihrauch gleich, vor Deinem Angesichte. Und laß unsere Herzen nicht fallen in Worte oder Gedanken der Bosheit, sondern befrei uns von allen, die da nachstellen unseren Seelen. Denn auf Dich, Herr, sind unsere Augen gerichtet, auf Dich ist unser Hoffen gestellt. Beschäm uns nicht, unser Gott. Dir ja ziemt alle Herrlichkeit, Ehre und Anbetung, dem Vater und dem Sohne und dem Heiligen Geiste, jetzt und immerdar, und in die Ewen der Ewen. Amen.

Dann der urchristliche *Hymnos zum Lichtanzünden:*

Licht, heiteres Du,
der heiligen Herrlichkeit
des unsterblichen Vaters,
des himmlischen, heiligen, glückseligen
Ihesus Christ.
Gekommen zum Sinken der Sonne,
schauend das Abendlicht,
preisen den Vater, den Sohn
und den Heiligen Geist wir Gott.
Zu allen Zeiten
Dir geziemet
Preis aus Lobesstimmen,
Gottes Sohn, Der Du Leben gibst,
darob die Welt Dich verherrlichet.

Darauf die *Lesungen aus den Schriften des Alten Bundes.*

Nach Beendigung der Lesungen aus Gesetz und Propheten der folgende *Wechselgesang* aus Psalm 140:

Aufsteige mein Gebet
wie Weihrauch vor Dein Antlitz
und das Erheben meiner Hände
als abendliches Opfer.

Erster Stichos:

Herr, ich ruf zu Dir, erhör mich.
Merk auf die Stimme meines Flehens,
da ich rufe zu Dir.

Und wieder:

Aufsteige mein Gebet
wie Weihrauch vor Dein Antlitz
und das Erheben meiner Hände
als abendliches Opfer.

Zweiter Stichos:

Setz, Herr, eine Wache meinem Munde
und eine feste Tür vor meine Lippen,
laß mein Herz nicht fallen in Worte der Bosheit,
daß ich nicht Missetaten tu in Sünden.

Und zum drittenmal:

Aufsteige mein Gebet
wie Weihrauch vor Dein Antlitz
und das Erheben meiner Hände
als abendliches Opfer.

Darauf das *Gebet:*

Würdig, Herr, uns, diesen Abend uns sündlos zu bewahren. Gesegnet bist Du, Herr, Gott unserer Väter, gelobt und verherrlicht Dein Name in die

Ewen. Amen. Es walte, Herr, Deine Huld über uns, da wir hoffen auf Dich. Gesegnet bist Du, Herr, lehr mich Deine Gerechtsame. Gesegnet bist Du, Gebieter, mach mich verständig Deiner Gerechtsame. Gesegnet bist Du, Heiliger, erleucht mich in Deinen Gerechtsamen. Herr, Deine Huld währt in die Ewe, nicht verschmäh die Werke Deiner Hände. Dir ziemet Lob, Dir ziemet Preis, Herrlichkeit ziemet Dir, dem Vater und dem Sohne und dem Heiligen Geiste, jetzt und immerdar, und in die Ewen der Ewen. Amen.

Es folgen die wechselnden Apostichen zu den Stichen des Psalms 122. Wir geben hier als Beispiel *Apostichen* im Tone 4.

Erster Apostichos:

Der Du verherrlicht bist + im Gedächtnis Deiner Heiligen, + auf ihre Fürbitten, Christ o Gott, + send herab auf uns + Deine große Huld.

Erster Stichos:

Zu Dir heb ich meine Augen, Der Du im Himmel wohnest. Sieh, wie die Augen der Knechte auf die Hände ihrer Herren, wie die Augen der Magd auf die Hände ihrer Herrin, so blicken unsere Augen zum Herrn, unserem Gott, bis daß Er uns genadet.

Zweiter Apostichos:

Der Du empfangen hast + die Bewährung der heiligen Martyrer, + empfang von uns den Preisgesang, + Du Freund des Menschen, + auf ihre Fürsprache gewähr uns + Deine große Huld.

Zweiter Stichos:

Erbarm Dich unser, Herr, erbarm Dich unser. Denn gar satt sind wir der Verachtung. Übersatt daran ist unsere Seele: Hohn von den Wohlhabenden, Verachtung von den Stolzen.

Dritter Apostichos:

Tempel seid mit Seelen ihr, + Weihegaben wortbegabt, + Martyrer des Herrn, + Gottes willkommene Opfer. + Ihr Gott Erkennenden + und von Gott Erkannten + weidet in Gefilden, + wilden Wölfen unnahbar. + Fleht, daß wir miteinander + am Wasser der Wonne einst wohnen.

Darauf:

Herrlichkeit dem Vater und dem Sohne
und dem Heiligen Geiste,
und jetzt und immerdar
und in die Ewen der Ewen. Amen.

Theotokion:

Freu dich, des Lichtes Wolke. + Freu dich, Leuchter strahlend hell. + Freu dich, du Lade des Manna. + Freu dich, Aharons Stab. + Freu dich, Feuerbusch unverbrannt. + Freu dich, heiliger Berg. + Freu dich, o Paradies. + Freu dich, göttliche Tafel. + Freu dich, Türe des Geheimnisses. + Freu dich, du Hoffnung aller.

Der Gesang des gerechten Symeon

Nun entlässest, Gebieter, Du Deinen Knecht nach Deinem Wort in Frieden. Denn geschaut haben meine Augen Dein Heil, das Du bereitet hast vor aller Völker Angesicht: Licht zur Offenbarung den Heiden, Herrlichkeit Deinem Volke Israel.

Heilig Du Gott, Heilig Du Starker,
Heilig Du Unsterblicher:
Erbarm Dich unser.
Heilig Du Gott, Heilig Du Starker,
Heilig Du Unsterblicher:
Erbarm Dich unser.
Heilig Du Gott, Heilig Du Starker,
Heilig Du Unsterblicher:
Erbarm Dich unser.

Herrlichkeit dem Vater und dem Sohne
und dem Heiligen Geiste,
und jetzt und immerdar
und in die Ewen der Ewen. Amen.

Allheilige Dreifalt, erbarm Dich unser:
Herr, genade unseren Sünden.
Gebieter, verzeih uns die Verschulden.
Heiliger, such heim und heil unsere Gebrechen,
um Deines Namens willen.

Herr, erbarm Dich. Herr, erbarm Dich.
Herr, erbarm Dich.

Herrlichkeit dem Vater und dem Sohne
und dem Heiligen Geiste,
und jetzt und immerdar
und in die Ewen der Ewen. Amen.

Das Herrengebet

Vater unser, Du in den Himmeln:
Geheiliget sei der Name Dein.
Es komme das Königtum Dein.
Es werde der Wille Dein,
wie im Himmel auf Erden.
Das Brot, uns zum Sein, gib uns heute.
Und erlaß uns unsere Schulden,
so wir erlassen unseren Schuldnern.
Und nicht gib uns preis der Versuchung,
sondern befrei uns von dem Bösen.
Denn Dein ist das Königtum und die
Kraft und die Herrlichkeit, jetzt und
immerdar, und in die Ewen der Ewen.
Amen.

Allgemein gebräuchliche Fassung:

Vater unser im Himmel,
geheiligt werde dein Name.
Dein Reich komme,
dein Wille geschehe
wie im Himmel so auf Erden.

Unser tägliches Brot gib uns heute.
Und vergib uns unsere Schuld,
wie auch wir vergeben unsern Schuldigern.
Und führe uns nicht in Versuchung,
sondern erlöse uns von dem Bösen.
Denn dein ist das Reich und die Kraft
und die Herrlichkeit in Ewigkeit.
Amen.

> Darauf die *Tropare* des Festes oder des Heiligen des Tages.
> Als Beispiel hier Tropare im Tone 4:

Gott unserer Väter, + Der Du immerdar mit uns + tust nach Deiner Milde, + nicht entzieh uns Deine Huld, + doch auf ihre Fürbitten + lenk in Frieden unser Leben.

Herrlichkeit dem Vater und dem Sohne
und dem Heiligen Geiste.

Deine Martyrer, o Herr, + in ihrem Ringen, + erwarben Kränze unverwelklich + aus Deiner Hand, Du unser Gott. + Teilhaft Deiner Kraft + bezwangen sie Tyrannen, + zerbrachen selbst der Dämonen + kraftlose Kühnheit. + Auf ihre Fürbitten, Christ Gott, + rett unsere Seelen.

Und jetzt und immerdar
und in die Ewen der Ewen. Amen.

Gottgebärerin Jungfrau, + freu dich, Begnadete, + Maria, der Herr mit dir, + Gesegnete unter den Frauen, + gesegnet deines Schoßes Frucht, + die du geboren hast den Heiland unserer Seelen.

Und das *Gebet:*

Gesegnet bist Du, Gebieter, Allmächtiger, Der Du den Tag mit dem Sonnenlichte erleuchtest und mit dem Feuerscheine erhellest die Nacht, Der Du uns gewürdigt hast, die Strecke des Tages zu durchwandern und zu gelangen zum Anfange der Nacht: Empfang Du unser und Deines Volkes Gebet. Verzeih uns allen die wissentlichen und die unwissentlichen Verschulden. Empfang unsere abendlichen Fürbitten. Und send die Fülle Deiner Huld und Barmherzigkeit auf Dein Erbe herab. Umgib uns mit Deinen heiligen Engeln. Wappne uns mit den Waffen Deiner Gerechtigkeit. Umwall uns mit Deiner Wahrheit. Beschirm uns mit Deiner Kraft. Behüt uns vor jedem Anschlage und jeder Anfechtung des Widersachers. Gewähr uns den gegenwärtigen Abend mit der folgenden Nacht vollkommen, heilig, friedlich und sündlos, frei von Ärgernis und Trug, wie auch alle Tage unseres Lebens. Auf die Fürsprache der heiligen Gottgebärerin und aller Heiligen, die seit der Ewe Dir wohlgefallen. Amen.

Und dreimal der *Segensspruch:*

Es sei gesegnet der Name des Herrn,
vonab jetzt und bis in die Ewe.
Es sei gesegnet der Name des Herrn,
vonab jetzt und bis in die Ewe.
Es sei gesegnet der Name des Herrn,
vonab jetzt und bis in die Ewe.

Darauf schließlich:

Durch die Gebete unserer heiligen Väter,
Herr Ihesus Christ, Gottes Sohn,
erbarm Dich unser. Amen.

Makarios der Ägypter (ca. 300–390)

ZUR SPÄTANDACHT

„Schau herab, erhör mich, Herr, mein Gott, erleucht Du meine Augen, daß ich nicht schlafe in den Tod."
Der Tod bei uns Menschen, die wir ja alle Söhne und Töchter des einen Gottes sind, ist die Unverzeihlichkeit, die Unversöhnlichkeit, der Haß, die Intrige, die gegen die unbegreifliche Liebe, *manikon eros*, die „verrückte Liebe" Gottes, wie Nikolaos Kabasilas sagt, und das Gebot der Nächsten- und Brüderliebe als auch gegen die königliche Weisung der Feindesliebe stehen.

„Wenn du deine Gabe zum Altar bringst und dich daselbst erinnerst, daß dein Bruder etwas wider dich habe, so laß deine Gabe allda vor dem Altare und geh zuvor hin und versöhne dich mit deinem Bruder, und dann komm und opfere deine Gabe." Dann ist Gott das Opfer angenehm, dann erwachen wir aus dem Todesschlaf der Hartherzigkeit, werden wir erleuchtet, und der „verborgene Mensch des Herzens" steht auf.

Ergreifend zeigt dies eine Geschichte aus der syrischen Wüste: Dort lebte ein Eremit Karpos, der wegen seiner harten Askese und Heiligkeit verehrt wurde. Zwei junge Mönche kamen zu ihm und baten ihn um Aufnahme. Nach einer Weile begingen sie eine Sünde, was den Heiligen sehr verstimmte. Er redete ihnen ins Gewissen, und sie zeigten große Reue. Aber nach einer Weile sündigten sie wieder. Zornerfüllt verwies Karpos sie aus seiner Nähe. Sie gingen weinend von dannen. Er aber bat Gott, er möge sie hart bestrafen. In der nächsten

Nacht hatte er einen Traum: Er stand vor einem unermeßlichen Meeresstrand, aber es war kein Wasser, es war eine tobende Feuersbrunst. Man hörte Schreie und Seufzer. Karpos erriet, daß dies die Hölle sei. Da sah er Christus in strahlend weißem Gewande. An jeder Seite hielt er einen der Jünglinge an der Hand und ging geradezu in das Flammenmeer. Da schrie der Einsiedler Karpos entsetzt: „Herr! Du doch nicht! Laß die beiden im Feuer verderben, aber Du doch nicht, Herr!" Da blieb Christus dicht vor dem Feuer stehen und drehte sich um: „Du und deinesgleichen, ihr habt Mich nicht nur einmal gekreuzigt. Durch eure Lieblosigkeit und Unversöhnlichkeit kreuzigt ihr Mich Stunde um Stunde. Wenn du willst, daß diese Jünglinge wegen ihrer kleinen Verfehlungen dem Feuer übergeben werden, gut. Dann sollen sie. Aber Ich gehe mit ihnen in dieses Feuer, du Gerechter!" Karpos fiel auf die Knie und weinte bitterlich. Er bat den Heiland und die Jünglinge um Verzeihung und flehte die beiden an, wieder zu ihm zu kommen. Christus hob ihn auf und umarmte ihn. Es wird erzählt, daß seither nie wieder ein böses Wort über seine Lippen kam. (Aus Wladimir Lindenberg: Der unversiegbare Strom.)

Abbas Poimen sprach: „Bosheit vertreibt in keiner Weise die Bosheit. Sondern wenn dir einer etwas Böses angetan hat, dann tu ihm Gutes, damit du durch das Wohltun die Bosheit beseitigst." (Vgl. Römer 12,20 und Matthäus 5,44.)

In den Klöstern wird der schöne Brauch bewahrt, daß alle Mönche am Ende der Spätandacht einander um Verzeihung bitten. Auch wir sollten dies untereinander tun und im Herzen immer um die Versöhnung ringen. Baut sich doch die Kirche auf der Versöhnung auf, und man kann sagen: „Wo keine Versöhnung ist, da ist keine Kirche." Unbedingt sollte man die Fürbitten am Ende der Spätandacht sprechen (man kann und sollte dies auch am Ende jeder anderen Andacht tun) und dabei diejenigen Menschen, für die man betet, mit Vornamen (Taufnamen) nennen. Dies ist der schöne Brauch der Dyptichen. Dann befreien wir uns aus dem Gefängnis unseres Egoismus und treten ein in die unermeßliche Fülle des Königtums der Himmel, die große Liebesfülle der Drei Göttlichen Hypostasen, Vater, Sohn und Heiliger Geist, die sich in unaussprechlicher Liebe und Freiheit gegenseitig durchdringen.

Spätandacht
Apodeipnon

Das *Apodeipnon* ist die Andacht zwischen abendlicher Mahlzeit, dem Deipnon, und der Nachtruhe.

+

Durch die Gebete unserer heiligen Väter,
Herr Ihesus Christ, Gottes Sohn,
erbarm Dich unser. Amen.

Herrlichkeit Dir, unser Gott, Herrlichkeit Dir.

Wechselgesang aus Psalm 12 im Tone 8:

Schau herab, erhör mich, Herr, mein Gott,
erleucht Du meine Augen, daß ich nicht schlafe in den Tod,
auf daß mein Feind nicht sage: ich hab ihn in Gewalt –
meine Bedränger jubeln, wenn ich falle.

Erster Stichos:

Wie lang noch, Herr? Vergißt Du meiner in die Ewe? Wie lang noch wendest Du Dein Antlitz ab von mir? Wie lang noch heg ich Gram in meiner Seele, Weh in meinem Herzen Tag und Nacht? Wie lang noch wird mein Feind sich über mich erheben?

Wiederum:

Schau herab, erhör mich, Herr, mein Gott,
erleucht Du meine Augen, daß ich nicht schlafe in den Tod,
auf daß mein Feind nicht sage: ich hab ihn in Gewalt –
meine Bedränger jubeln, wenn ich falle.

Zweiter Stichos:

Ich aber hoff auf Deine Huld. Frohlocken wird mein Herz ob Deines Heiles. Singen will ich dem Herren, Der mir wohlgetan, aufspielen dem Namen des Höchsten.

Und wiederum:

Schau herab, erhör mich, Herr, mein Gott,
erleucht Du meine Augen, daß ich nicht schlafe in den Tod,
auf daß mein Feind nicht sage: ich hab ihn in Gewalt –
meine Bedränger jubeln, wenn ich falle.

Herrlichkeit dem Vater und dem Sohne
und dem Heiligen Geiste,
und jetzt und immerdar
und in die Ewen der Ewen. Amen.

Dann das *Troparion:*

Meiner unsichtbaren Feinde + Wachheit kennest Du, o Herr, + weißt um meines schwachen Fleisches + Mattigkeit, Der mich gemacht. + Darum will in Deine Hände + ich befehlen

meinen Geist. + Und bedeck mich, o mein
Heiland, + mit den Flügeln Deiner Güte, + daß
ich nicht schlafe in den Tod. + Licht mach
meines Geistes Augen, + nähr mit heilgem
Worte mich. + Weck mich auf zur rechten Stunde
+ zum Lobe Deiner Herrlichkeit, + o einzig
Guter, Du des Menschen Freund.

Darauf das *Trishagion:*

Heilig Du Gott, Heilig Du Starker,
Heilig Du Unsterblicher:
Erbarm Dich unser.
Heilig Du Gott, Heilig Du Starker,
Heilig Du Unsterblicher:
Erbarm Dich unser.
Heilig Du Gott, Heilig Du Starker,
Heilig Du Unsterblicher:
Erbarm Dich unser.

Das Herrengebet

Vater unser, Du in den Himmeln:
Geheiliget sei der Name Dein.
Es komme das Königtum Dein.
Es werde der Wille Dein,
wie im Himmel auf Erden.
Das Brot, uns zum Sein, gib uns heute.
Und erlaß uns unsere Schulden,
so wir erlassen unseren Schuldnern.
Und nicht gib uns preis der Versuchung,
sondern befrei uns von dem Bösen.

Denn Dein ist das Königtum und die
Kraft und die Herrlichkeit, jetzt und
immerdar, und in die Ewen der Ewen.
Amen.

   Allgemein gebräuchliche Fassung:

Vater unser im Himmel,
geheiligt werde dein Name.
Dein Reich komme,
dein Wille geschehe
wie im Himmel so auf Erden.
Unser tägliches Brot gib uns heute.
Und vergib uns unsere Schuld,
wie auch wir vergeben unsern Schuldigern.
Und führe uns nicht in Versuchung,
sondern erlöse uns von dem Bösen.
Denn dein ist das Reich und die Kraft
und die Herrlichkeit in Ewigkeit.
Amen.

   Und das *Gebet zur Nachtruhe:*

Und gib uns, Gebieter, da wir uns zum Schlummer begeben, Erholung für Seele und Leib. Und bewahr uns vor dem finsteren Schlafe der Sünde und aller dunklen und nächtlichen Wollüstigkeit. Mach still das Gestürm der Leidenschaften. Lösch aus die Feuerpfeile des Bösen, die tückisch wider uns gezielt sind. Besänftig die Begierden unseres Fleisches. Und unser erdverhaftetes und stoffgebundenes Sinnen bring zur Ruh. Und gib uns, Gott, wachen Verstand, beherrschten Sinn, nüchternes Herz und ruhigen Schlummer, unangefochten von jedem satanischen Trug. Erweck uns zur Stunde des Gebets, gefestigt in Deinen Geboten und das Gedenken Deiner Urteile in uns unversehrt bewahrend. Genade uns die ganze Nachtzeit zu Deiner Verherrlichung, daß wir preisen, segnen und rühmen Deinen allverehrten und hocherhabenen Namen, des Vaters und des Sohnes und des Heiligen Geistes, jetzt und immerdar, und in die Ewen der Ewen. Amen.

Durch die Gebete unserer heiligen Väter, Herr Ihesus Christ, Gottes Sohn, erbarm Dich unser.

Es kann noch hinzugefügt werden:

Gebieter, Huldreicher, Herr Ihesus Christ, Du unser Gott: auf die Fürbitten Deiner allreinen Mutter, durch die Kraft des ehrwürdigen und lebenschaffenden Kreuzes, durch den Beistand der reinen körperfreien himmlischen Kräfte, auf die Bitten des verehrten ruhmreichen Propheten, Vorläufers und Täufers Johannes, der heiligen ruhmreichen und allgerühmten Apostel, der heiligen ehrwürdigen und sieghaften Martyrer, unserer gottgetreuen Väter, der Heiligen, deren Gedächtnis wir feiern, der heiligen und gerechten Gottesahnen Joachim und Anna, und all Deiner Heiligen: nimm an unser Gebet. Behüt uns im Schatten Deiner Fittiche. Vertreib von uns jeden Feind und Widersacher. Mach friedlich unser Leben. Herr, erbarm Dich unser und Deiner

Welt und rett unsere Seelen, Du der Gute und des Menschen Freund.
In Seiner Gnade verzeihe uns Gott und erbarme Sich unser aller.
Amen.

<small>Zu den folgenden Bitten wird immer wieder gesprochen:</small>

Herr, erbarm Dich.

Beten wir für den Frieden der Welt.
Für das fromme rechtgläubige Christenvolk.
Für unseren Bischof und unsere ganze Bruderschaft in Christ.
Für unsere Obrigkeit, für dieses Land und all sein Volk.
Für unsere abwesenden Väter und Brüder.
Für alle, die uns wohltun und uns dienen.
Für alle, die uns hassen und uns lieben.
Für alle, die uns Unwerten aufgetragen haben, für sie zu beten.
Für die Befreiung der Gefangenen.
Für die Verfolgten und Bedrängten.
Für die Wandernden und Fahrenden.
Für die krank Darniederliegenden.
Beten wir noch um Wohlertrag der Früchte der Erde.
Und für all unsere vorentschlafenen Väter und Brüder und alle entschlafenen Christen, wo immer sie ruhen.
Sprechen wir auch für uns selbst.

Herr, erbarm Dich. Herr, erbarm Dich.
Herr, erbarm Dich.

Mit uns Gott in Seiner Huld und Freundschaft, allenthalben, jetzt und immerdar, und in die Ewen der Ewen.
Amen.

ZUR NACHTWACHE

„Um Mitternacht erheb ich mich, Dir zu bekennen,
Herr, Dein Gesetz ist mein Verlangen.
So lebe meine Seele und lobpreise Dich,
und Deine Weisungen werden mir Hilfe sein."

Um Mitternacht erheben wir uns, um gleich den klugen Jungfrauen des himmlischen Bräutigams zu harren. Und unser Öl soll nicht ausgehen, das heißt, unser Ringen um den Heiligen Geist sei unentwegt (Matthäus 25,1-13).

Der sich für uns zum Bettler gemacht hat, spricht: „Siehe, Ich stehe vor der Tür und klopfe an. So jemand Meine Stimme hört, und die Tür Mir auftut, zu dem will Ich eingehen und mit ihm Abendmahl halten und er mit Mir" (Offenbarung 3,20).

„Denn die Alten, die uns die Überlieferung übertragen haben, haben uns so gelehrt, daß zu dieser Stunde die ganze Schöpfung einen Augenblick ruht, um den Herrn zu loben: Die Sterne, die Bäume, die Gewässer halten einen Augenblick inne, und die ganze Heerschar der Engel, die Ihm dient, lobt Gott zu dieser Stunde mit den Seelen der Gerechten. Deshalb sollen diejenigen, die da glauben, sich eilen, zu dieser Stunde zu beten. Dies bezeugt auch der Herr, Der da sagt: ‚Um Mitternacht erhob sich ein Geschrei: Siehe, der Bräutigam kommet, gehet heraus, Ihm entgegen!' (Matthäus 25,6) Und weiter sagt Er: ‚Wachet also, denn ihr wisset weder den Tag noch die Stunde' (Matthäus 25,13)" (aus der apostolischen Überlieferung des Hippolyt).

Der heilige Johannes der Goldmund spricht vom christlichen Haus als einer „häuslichen Kirche", Ort des unentwegten Gebetes: „Dein Haus sei eine Kirche: Erhebe dich inmitten der Nacht. Bewundere deinen Meister. Weck die Kinder, daß sie sich mit dir zu einem gemeinsamen Gebet einen."

Vater Gabriel betont, daß sich die Nachtwache besonders zum Lesen der Psalmen eignet. In den Psalmen beten ja Christus und die Kirche. Deshalb sollten sie auch immer in unseren Herzen klingen. Und vielleicht hören wir dann die Stimme aus der Höhe, die Augustinus hörte: „Ich bin eine große Speise, wachse du, so wirst du Mich mögen essen, doch wirst du Mich nicht verwandeln wie fleischliche Speise, sondern du wirst in Mich verwandelt werden" (Augustinus: Bekenntnisse). Derselbe sagt auch: „Lernet das Staunen über die Geheimnisse Gottes." Wenn wir wieder lernen zu staunen, dann nehmen wir uns selbst nicht mehr in falscher Hinsicht wichtig, dann wollen wir leben in den Herrlichkeiten Gottes und selbst so eine Herrlichkeit werden und der Welt diese Herrlichkeit schenken.

Und in einer Gesellschaft, die, nach Friedrich Heer, ihre tiefen, leibseelischen Erkrankungen in ihrem Unvermögen, die Nacht zu ehren und zu pflegen, bekundet, erfahren wir betend, daß wir die Nacht als wunderbar erleben können, mehr noch, wie der Herr unsere Finsternis immer wieder durch Fluten des Lichtes wandelt und uns so zu Lichtträgern, Feuerbehältern, die von Leben, Licht und Liebe strahlen, umgestaltet.

Nachtwache
Mesonyptikon

Die *Nachtwache* eignet sich besonders für das Lesen der Psalmen. Die am Anfang des Büchleins gegebene *Andacht zu jeder Stunde* kann als Rahmen hierfür betrachtet werden.

+

Durch die Gebete unserer heiligen Väter,
Herr Ihesus Christ, Gottes Sohn,
erbarm Dich unser. Amen.

Herrlichkeit Dir, unser Gott, Herrlichkeit Dir.

Wechselgesang aus Psalm 118 im Tone 8:

Um Mitternacht erheb ich mich,
Dir zu bekennen,
Herr, Dein Gesetz ist mein Verlangen.
So lebe meine Seele und lobpreise Dich,
und Deine Weisungen werden mir Hilfe sein.

Erster Stichos:

Glückselig die Makellosen auf dem Wege, die wandeln im Gesetz des Herrn. Glückselig, die da Seine Zeugnisse betrachten, die Ihn von ganzem Herzen suchen.

Wiederum:

Um Mitternacht erheb ich mich,
Dir zu bekennen,
Herr, Dein Gesetz ist mein Verlangen.
So lebe meine Seele und lobpreise Dich,
und Deine Weisungen werden mir Hilfe sein.

Zweiter Stichos:

Ich gehe irr, wie ein verloren Schaf. O such, Herr, Deinen Knecht. Deine Gebote hab ich nicht vergessen.

Und wiederum:

Um Mitternacht erheb ich mich,
Dir zu bekennen,
Herr, Dein Gesetz ist mein Verlangen.
So lebe meine Seele und lobpreise Dich,
und Deine Weisungen werden mir Hilfe sein.

Herrlichkeit dem Vater und dem Sohne
und dem Heiligen Geiste,
und jetzt und immerdar
und in die Ewen der Ewen. Amen.

Troparion:

Sieh, der Bräutigam kommet + inmitten der Nacht. + Und glückselig der Knecht, + den Er da findet wachen. + Unwürdig aber jener, + den Er trifft leichten Sinnes. + O sieh nun, meine Seele, + daß nicht vom Schlafe übermannet + dem Tode du verfallest, + vom Königtume ausgeschlossen. + Sei anhaltend wachsam und rufe: + Heilig, heilig, heilig bist Du, o Gott, + durch die Gottgebärerin erbarme Dich unser.

Trishagion:

Heilig Du Gott, Heilig Du Starker,
Heilig Du Unsterblicher:
Erbarm Dich unser.
Heilig Du Gott, Heilig Du Starker,
Heilig Du Unsterblicher:
Erbarm Dich unser.
Heilig Du Gott, Heilig Du Starker,
Heilig Du Unsterblicher:
Erbarm Dich unser.

Das Herrengebet

Vater unser, Du in den Himmeln:
Geheiliget sei der Name Dein.
Es komme das Königtum Dein.
Es werde der Wille Dein,
wie im Himmel auf Erden.
Das Brot, uns zum Sein, gib uns heute.
Und erlaß uns unsere Schulden,
so wir erlassen unseren Schuldnern.
Und nicht gib uns preis der Versuchung,
sondern befrei uns von dem Bösen.
Denn Dein ist das Königtum und die
Kraft und die Herrlichkeit, jetzt und
immerdar, und in die Ewen der Ewen.
Amen.

Allgemein gebräuchliche Fassung:

Vater unser im Himmel,
geheiligt werde dein Name.

Dein Reich komme,
dein Wille geschehe
wie im Himmel so auf Erden.
Unser tägliches Brot gib uns heute.
Und vergib uns unsere Schuld,
wie auch wir vergeben unsern Schuldigern.
Und führe uns nicht in Versuchung,
sondern erlöse uns von dem Bösen.
Denn dein ist das Reich und die Kraft
und die Herrlichkeit in Ewigkeit.
Amen.

   Und das *Gebet:*

Meine Hoffnung der Vater, meine Zuflucht der Sohn, mein Beistand der Heilige Geist: Allheilige Dreifalt, Herrlichkeit Dir.

   Dann das *Theotokion* im Tone 8:

Über dich freut sich, + o du Begnadete, + die ganze Schöpfung, + der Engel Heeresmacht + und der Menschen Geschlecht. + Geheiligter Tempel + und Garten des Wortes, + jungfräulicher Ruhm, + aus dir ward Gott Fleisch. + Ja Knabe ward Er, + unser von Ewen seiender Gott. + Er hat deinen Schoß + geschaffen zum Throne + und deinen Leib + umfassender denn die Himmel gemacht. + Über dich freut sich, + o du Begnadete, + die ganze Schöpfung, + Herrlichkeit Dir.

Durch die Gebete unserer heiligen Väter,
Herr Ihesus Christ, Gottes Sohn,
erbarm Dich unser. Amen.

ZUM MORGENLOB

„O Gott, mein Gott, zu Dir wend ich mich in der Frühe. Nach Dir dürstet meine Seele, lechzet mein Fleisch, wie unwegsames, wasserloses Land."

Vater Elias Herter schreibt: „Im Orthros, dem Frühgottesdienst, heiligt die Kirche ja nicht nur den aus der Nacht neu heraussteigenden Tag, sie bettet ihn auch ein ins Filigranwerk des Kirchenjahres, das gleichsam in gröberen und feineren Netzen jeden Tag einfängt. Ostern mit seiner allwöchentlichen Vergegenwärtigung am Sonntag und die ‚Zwölf Großen Feste' Christi und der Gottesmutter überstrahlen gleich Sonne und Mond die Tage. Planetengleich folgen ihnen die Gedächtnisse des heiligen Kreuzes und der Gottgebärerin am Mittwoch und am Freitag, der heiligen Engel am Montag, des Vorläufers und Täufers Johannes am Dienstag, der Apostel und des heiligen Nikolaus am Donnerstag, der Martyrer und der Entschlafenen am Samstag – während am Firmament die fast unzählbaren Fixsterne der täglich an ihrem ‚Geburtstag für den Himmel' gefeierten Heiligen als größere oder kleinere Lichter erstrahlen."

Wir betten den neuen Tag in das Heilsgeheimnis, damit erfüllen und versöhnen wir die Schöpfung, die ja berufen ist, zu loben: „Aller Odem lobe den Herrn." Der heilige Apostel Paulus sagt: „Segnet, denn dazu seid ihr berufen."

Des Morgens dürsten wir nach dem Göttlichen Licht, nach der Quelle des Lebendigen Wassers, und zum

Aufgang der Sonne singen wir die große Doxologie: In Deinem Lichte schauen wir das Licht. Wir gewanden uns in Freude, denn neu erkennen wir: Wir sind nach dem Bilde der Allerheiligsten Dreifalt erschaffen, somit mit höchster Würde bekränzt, berufen zur Freundschaft, zum gemeinschaftlichen Leben, zum heiligen Bund mit Gott, den Menschen, der ganzen Schöpfung. Die brennenden Kerzen helfen uns, zu vergegenwärtigen, daß Christus das Licht ist, das da erleuchtet einen jeden Menschen, der in die Welt kommt. Und jeder Mensch, der das Licht der Welt erblickt, trägt in sich das wahre Licht. In der Treue zu diesem Licht, das in der Taufe hell entflammt, hoch lodert durch die heilige Firmung und im würdigen Empfang der heiligen Kommunion immer neu erhellt, zeigt sich das Authentische unseres geistlichen Lebens und Ringens. Mögen uns auch Gefahren drohen, Kümmernisse plagen, wir einen uns im Heiligen Geist mit Christus, der Sonne der Gerechtigkeit, und wissen, bei Gott ist alles möglich.

Täglich preisen wir: „Dies ist der Tag, den der Herr gemacht, jubeln und frohlocken wir an ihm." Durch das Segnen des Tages wird die Welt erneut unter das Haupt Christi gebracht, und wir werden fähig zur Stiftung des Friedens. Im Preis der Lobgesänge wird die Schöpfung erhoben. Die Offenbarung des lebendigen Gottes ist uns Licht. Und wenn wir den Tag beginnen, indem wir uns durch Jesus Christus im Heiligen Geist mit dem göttlichen Vater verbinden, dann einen wir unseren natürlichen, gewöhnlichen Tagesablauf mit einem gnadenhaften, geistigen Strom, der unser ganzes Wesen begeistert, unser eigentliches Sein aufblühen, uns im göttlichen Odem atmen läßt, und die geistigen Augen unseres Herzens beginnen, geheilt von ihrer Blindheit, im göttlichen Lichte zu schauen. Unsere Natur wird gänzlich erneut, der Winter der Sünde vom Frühling der

Gottverbundenheit überstrahlt, und wir vermögen mit dem Psalmisten zu sagen: „Gott, der deine Jugend erneut, der des Adlers gleich." Und das Segnen des Tages bekräftigt, daß wir uns erneut der großen Aufgabe stellen: der Synergia, der schönen Gabe Gottes, nämlich mit Ihm zusammenzuwirken, um heimzuholen die ganze Schöpfung, heimzurufen Adam ins Paradies, auf daß jedes Geschöpf im göttlichen Odem atme.

Wir singen unsere Freude über das Fest des gottmenschlichen, in die Himmel gehobenen Lebens, die Geschichte wandelt sich in eine Zeit des Heils, der Erleuchtung und Erlösung, wird ausgerichtet auf das Königtum der Himmel. Christus, das wahre Licht, überstrahlt alle nächtliche Finsternis. Neu künden wir Gott als Herrn, neu erkennen wir, wir sind Söhne des Lichtes, und wir vermögen wahrhaft zu sprechen: „Nicht werde ich sterben, sondern leben, und verkündigen die Werke des Herrn." Aber mit jedem Tag, und wir können jetzt sagen: mit jedem Festtag, jedem heiligen Tag rüsten wir uns auf den Herrentag, den Sonntag, die Feier der Auferstehung. Hören wir, was Vater Gabriel Bultmann dazu zu sagen hat:

„Und alle Tage der Woche schreiten wir dem Sonnentage entgegen, an dem die Feier Glanz wird des Festes der Feste. Und dieser Glanz strahlt über die Tage der folgenden Woche hinweg. Das Fest der Feste, das große und heilige Pascha, strahlt über alle Sonntage des Jahres seinen Schein und führt über den Kreislauf des ganzen Jahres einen Reigen herrlicher Feste." – „Der achte Tag, der große und gewaltige, der Tag der Allvollendung, wird mit jedem Pascha, Tag der Auferstehung und des neuen Lebens, mit jedem Sonntage, dem achten Tage der Woche, der die neue Schöpfung anstimmt, mit jedem Feste der Theophanie, der Gotterscheinung, schon gegenwärtig gefeiert in den Geheimnisfeiern der Kirche.

Hier ist das Kommende den Gläubigen schon da, hier ist das Gericht schon vollzogen, hier ist schon volle Rechtfertigung, Frieden und Gerechtigkeit."

Im voraus kosten wir als bereits gegenwärtig das Verheißene. Markus 16,9: „Als Er aber des Morgens am ersten Tage der Woche auferstanden war ..." Jeden Morgen bekennen wir neu Sein Auferstehen. „Dem Morgen kommen zuvor + die Frauen um Maria + und finden da den Stein + hinweggewälzt vom Grabe. + Sie hören von dem Engel: + Ihn, Der da ist im unschaubaren Lichte, + was sucht ihr Ihn + bei den Toten wie einen Menschen? + Blickt auf die Grabeslinnen, + lauft und kündet der Welt: + Erstanden ist der Herr. + Hat getötet den Tod, + denn Er ist Gottes Sohn, + Der da rettet das Menschengeschlecht" (Hyperkoi im Tone 4, aus dem Osterkanon).

Die große Kraft der Kirche ist ja, den Gläubigen zu ermöglichen, in jeder Sekunde ihres Lebens durch Umkehr aufzuerstehen. Und denken wir an den Künder der Umkehr, an den großen Propheten, Vorläufer und Täufer Johannes, der da deutete auf das Lamm, „das da geopfert vor Anbeginn der Welt", das da auferstanden, um uns in das Göttliche Leben einzuführen. Der heilige Maximos der Bekenner sagt: „Derjenige, der in das Geheimnis des Auferstehens eingeweiht ist, erfährt das Ziel, für welches Gott alle Dinge erschaffen hat." Und der rumänische Priester, Professor Dumitru Staniloae, schreibt: „Diese Werte sind uns durch Gottes Sohn mitgeteilt, Der nicht deshalb Mensch geworden ist, Sich geopfert hat und in die Himmel erhöht ist, um mit uns zu sein als bloße Erinnerung oder Hoffnung auf Auferstehung, sondern damit Er mit uns sei und in uns wohne durch die Mysterien als Geopferter und Auferstandener, auf daß Er in uns die Liebe zur Auferstehung und zum ewigen Leben bekräftige."

Hören wir noch einmal Vater Gabriel Bultmann: „Der Mensch muß erhoben werden über die gefallene Welt, indem er betend sich erhebt und miterhebt die gefallene Welt und führt sie heim ins Paradies." Der heilige Seraphim von Sarov begrüßte jeden Menschen, der ihm begegnete, mit: „Freu dich, du meine Freude, Christ ist erstanden!"

„Singt dem Herrn das Neue Lied, Sein Lob in der Gemeinde der Heiligen, Hallelujah."

Morgenlob
Orthros

Der *Orthros* ist die Gemeindefeier zum Aufgang der Sonne. Der hier gegebene erste psalmodische Teil ist ein Entgegenwachen auf den kommenden Tag. Mit der *Doxologie*, dem zweiten Teil, begrüßen wir das Licht des neuen Tages.

+

Durch die Gebete unserer heiligen Väter,
Herr Ihesus Christ, Gottes Sohn,
erbarm Dich unser. Amen.

> Wenn Zeit ist zur *Psalmodie*, dreimal der *Stichos*,
> der Gesang der Engel zur Geburt des Herrn:

Herrlichkeit in den Höhen Gott,
und auf Erden Friede,
den Menschen Wohlgefallen.

Herrlichkeit in den Höhen Gott,
und auf Erden Friede,
den Menschen Wohlgefallen.

Herrlichkeit in den Höhen Gott,
und auf Erden Friede,
den Menschen Wohlgefallen.

Darauf zweimal der *Stichos:*

Herr, öffne meine Lippen,
und mein Mund verkündiget Dein Lob.

Herr, öffne meine Lippen,
und mein Mund verkündiget Dein Lob.

Dann *Psalmen.*

Psalm 62 (als Beispiel)

O Gott, mein Gott,
zu Dir wend ich mich in der Frühe.
Nach Dir dürstet meine Seele,
lechzet mein Fleisch,
wie wüstes, unwegsames, wasserloses Land.
So erscheine ich vor Dir in Deinem Heiligtume,
zu schauen Deine Kraft und Deine Herrlichkeit.
Denn über alles Leben gut ist Deine Huld,
meine Lippen wollen loben Dich.
So segne ich Dich denn in meinem Leben,
erheb in Deinem Namen meine Hände.
Wie an Fett und Mark ersättiget sich
meine Seele,
mit jubelnden Lippen lobsinget mein Mund.
Da ich gedenke Dein auf meinem Lager,
zum Morgen wachend ich besinne Dich.
Denn Du bist Helfer mir geworden,
im Schirme Deiner Fittiche frohlocke ich.
Meine Seele hanget Dir an,
mich aber hält Deine Rechte.
Doch sie, umsonst trachten mir nach dem Leben,
sie werden fahren in die Unterwelt.

Sie werden fallen in die Hand des Schwertes,
werden Beute der Schakale sein.
Der König aber freuet sich in Gott,
Heil jedem, der Ihm zugeschworen,
dieweil verstopfet wird der Lügner Mund.

Und wiederum:

Zum Morgen wachend ich besinne Dich,
denn Du bist Helfer mir geworden.
Im Schirme Deiner Fittiche frohlocke ich.
Meine Seele hanget Dir an,
mich aber hält Deine Rechte.

Zum Abschluß der Psalmodie:

Psalm 50

Erbarm Dich mein, o Gott,
nach Deiner großen Huld,
und nach der Fülle Deiner Erbarmnisse
tilg mein Verschulden.
Ganz und gar wasch mich von meiner Schuldnis,
und von meiner Sünde reinig mich.
Denn ich erkenne meine Schuldnis,
und meine Sünde stehet unentwegt vor mir.
Dir nur hab ich gesündigt und das Böse
vor Dir getan,
so bist Du im Rechte mit Deinen Sprüchen,
nicht anfechtbar in Deinen Urteilen.
Denn sieh, in Schuldnissen bin ich gezeugt,
und in Sünden hat mich die Mutter empfangen.
Denn sieh, die Wahrheit hast Du lieb,
das Verborgene und Geheime Deiner Weisheit
hast Du mir geoffenbart.

Bespreng mich mit Yssop und ich bin gereinigt,
wasch mich, und ich glänz heller denn Schnee.
Hören laß mich Frohlocken und Freude,
da jubelt auf das zerschlagne Gebein.
Wend ab Dein Antlitz von meinen Sünden,
tilg all meine Schuldnisse aus.
Ein reines Herz stift in mir, Gott,
den rechten Geist erneu in meinem Innern.
Verwirf mich nicht vor Deinem Angesichte,
und Deinen Geist, den heiligen,
nimm nicht von mir.
Gib wieder mir Frohlocken Deines Heiles,
und im fürstlichen Geiste befestig mich.
Lehren will Schuldige ich Deine Wege,
und Frevler bekehren sich wieder zu Dir.
Befrei mich von Blutschulden, Gott,
o Gott meines Heils,
und meine Zunge frohlocket
Deiner Gerechtigkeit.
Herr, öffne meine Lippen,
und mein Mund verkündiget Dein Lob.
Heischest Du Opfer, ich brächte es dar,
Weihbrände gefallen Dir nicht.
Opfer ist Gott ein zerschlagener Geist,
ein Herz, gering und zerschlagen, o Gott,
verschmähest Du nicht.
Tu wohl, o Herr, in Deiner Huld an Zion,
und auferbauet werden die Mauern Jerusalems.
Dann ist Dir angenehm ein Opfer der Gerechtigkeit, Darbringung und Weihebrand,
dann bringen sie dar auf Deiner Opferstatt
Farren.

Darauf:

Herrlichkeit dem Vater und dem Sohne
und dem Heiligen Geiste,
und jetzt und immerdar
und in die Ewen der Ewen. Amen.

Hallelujah, Hallelujah, Hallelujah,
Herrlichkeit Dir Gott.
Hallelujah, Hallelujah, Hallelujah,
Herrlichkeit Dir Gott.
Hallelujah, Hallelujah, Hallelujah,
Herrlichkeit Dir Gott.

Es folgen *Lobgesänge aus der Heiligen Schrift*.
Hier zum Beispiel:

Der Gesang der drei Jünglinge im Feuerofen

Aufgesang:

Den Herrn preist ihr Werke,
und erhebt Ihn hoch in alle Ewen.

Nach jedem der folgenden *Stichen* wird *wiederholt*:

Preist und hocherhebt Ihn in die Ewen.

Segnet, all ihr Werke des Herren, den Herrn,
preist und hocherhebt Ihn in die Ewen.
Segnet, Engel des Herren, Himmel des Herren,
den Herrn,
preist und hocherhebt Ihn in die Ewen.
Segnet, all ihr Wasser droben am Himmel,
all ihr Kräfte des Herren, den Herrn,
preist und hocherhebt Ihn in die Ewen.

Segnet, aller Regen und Tau, all ihr Winde,
den Herrn,
preist und hocherhebt Ihn in die Ewen.
Segnet, Feuer und Frost, Kälte und Hitze,
den Herrn,
preist und hocherhebt Ihn in die Ewen.
Segnet, Nebel und Wolken, Reif und Schloßen,
den Herrn,
preist und hocherhebt Ihn in die Ewen.
Segnet, Eis und Schnee, Blitz und Donner,
den Herrn,
preist und hocherhebt Ihn in die Ewen.
Segnet, Licht und Dunkel, Nächte und Tage,
den Herrn,
preist und hocherhebt Ihn in die Ewen.
Segnet, Erde, Berge und Hügel, und alles,
was sprießet auf Erden, den Herrn,
preist und hocherhebt Ihn in die Ewen.
Segnet, Quellen, See und Ströme, Getier und
was im Gewässer sich tummelt, den Herrn,
preist und hocherhebt Ihn in die Ewen.
Segnet, Vögel des Himmels, alles Wild und Vieh,
den Herrn,
preist und hocherhebt Ihn in die Ewen.
Segnet, Menschensöhne, segne, Israel,
den Herrn,
preist und hocherhebt Ihn in die Ewen.
Segnet, Priester des Herren, Knechte des Herren,
den Herrn,
preist und hocherhebt Ihn in die Ewen.
Segnet, Geister und Seelen der Gerechten,

ihr Getreuen und Geringen von Herzen,
den Herrn,
preist und hocherhebt Ihn in die Ewen.
Segnet, Ananias, Azarias und Misael, den Herrn,
preist und hocherhebt Ihn in die Ewen.
Segnet, Apostel, Propheten und Martyrer des
Herren, den Herrn,
preist und hocherhebt Ihn in die Ewen.

Darauf:

Segnen wir den Vater und den Sohn und den
Heiligen Geist, den Herrn,
und jetzt und immerdar, und in die Ewen der
Ewen. Amen.

Laßt uns loben, segnen und anbeten den Herrn,
preist und hocherhebt Ihn in die Ewen.

Und wiederum:

Den Herrn preist ihr Werke,
und erhebt Ihn hoch in alle Ewen.

Der Gesang der Gottgebärerin

Aufgesang:

Hochpreist meine Seele den Herrn.

Hochpreist meine Seele den Herrn,
und mein Geist frohlocket in Gott,
meinem Heiland.
Denn Er hat herabgeschaut auf die
Geringheit Seiner Magd,

denn sieh: von jetzt an preisen mich selig
alle Geschlechter.
Denn Großes hat mir getan der Mächtige,
heilig Sein Name,
und Seine Huld währt von Geschlecht zu
Geschlecht mit denen, die Ihn fürchten.
Denn Kraft hat Er gewirkt mit Seinem Arme,
zersplittert die Hochmütigen in der Gesinnung
ihres Herzens.
Herabgestürzt hat Er die Mächtigen vom Throne,
und erhoben hat Er die Geringen.
Er hat gesättigt die Hungernden mit Gütern
und die Reichen leer zurückgesandt.
Er hat Sich angenommen Seines Knechtes Israel
eingedenk Seines Erbarmens,
wie Er gesprochen hat zu unseren Vätern,
Abraham und seinem Samen in die Ewe.
Herrlichkeit dem Vater und dem Sohne
und dem Heiligen Geiste,
und jetzt und immerdar
und in die Ewen der Ewen. Amen.

Darauf:

Wie bist du würdig doch fürwahr + der Seligpreisung, Gottgebärerin, + immerglückseligste, allmakelfreie + Mutter unseres Gottes du. + Ehrwürdger denn die Cherubim + und herrlicher ohngleichen + denn die Seraphim, + die du hast unversehrt + geboren Gott das Wort, + bist wahrhaft Gottgebärerin, + dich preisen wir hoch.

Die Lobpsalmen

Aufgesang:

Aller Odem lobe den Herrn.

Psalm 148

Lobt den Herrn aus den Himmeln,
lobt Ihn in den Höhen.
Lobt Ihn, ihr all Seine Engel,
lobt Ihn, ihr all Seine Kräfte.
Lobt ihn, Sonne und Mond,
lobt Ihn, ihr leuchtenden Sterne.
Lobt Ihn, Himmel der Himmel,
all ihr Wasser droben am Himmel.
Sie sollen loben den Namen des Herrn,
denn Er sprach, und sie waren geschaffen.
Er setzte sie für die Ewe, ja für die Ewe der Ewe,
Er gab das Gebot, das nimmer vergeht.
Lobt den Herrn von der Erde,
Drachen und Abgründe all.
Feuer, Hagel, Schnee und Nebel,
Sturmwind, vollstreckend Sein Wort.
Ihr Berge und all ihr Hügel,
Fruchtbäume und alles Getann.
Ihr Könige auf Erden und all ihr Völker,
all ihr Fürsten und Richter auf Erden.
Ihr Jünglinge und Jungfrauen,
ihr Alten zusammen mit Jungen.
Loben sollen sie den Namen des Herrn,
denn Sein Name allein ist erhaben.

Seine Herrlichkeit über Erde und Himmel,
und erheben wird Er Seines Volkes Horn.
Preis allen Seinen Heiligen,
Israels Söhnen, dem Volke, das Ihm nahe.

Psalm 149

Singt dem Herrn neuen Gesang,
Sein Lob in der Gemeinde der Heiligen.
Freuen soll sich Israel in Ihm, Der es gemacht,
und Zions Söhne frohlocken in ihrem Könige.
Loben sollen Seinen Namen sie im Chore,
aufspielen Ihm auf Harfe und auf Psalter.
Denn Gefallen hat der Herr an Seinem Volke,
und erhöhet die Sanften im Heile.
Es rühmen die Getreuen sich in Herrlichkeit,
und frohlocken auf ihren Lagern.
Erhebungen Gottes in ihren Händen,
zweischneidige Schwerter in ihren Händen.
Recht zu schaffen unter den Heiden,
Zurechtweisung unter den Völkern.
Zu binden ihre Könige in Fesseln,
und ihre Edlen in eiserne Ketten.
Zu vollziehen an ihnen das verzeichnete
Gericht,
solche Herrlichkeit wird all Seinen
Getreuen.

Psalm 150

Lobt Gott in Seinen Heiligen,
lobt Ihn in der Feste Seiner Kraft.
Lobt Ihn ob Seiner Gewalten,
lobt Ihn ob der Fülle Seiner Großmacht.
Lobt Ihn im Schalle der Posaune,
lobt Ihn mit Psalter und Laute.
Lobt Ihn mit Pauken und Reigen,
lobt Ihn mit Saiten und Pfeifen.
Lobt Ihn mit wohltönenden Zimbeln,
lobt Ihn mit Zimbeln des Jubels.
Aller Odem lobe den Herrn.
Hallelujah.

Eingangsgebet zur Doxologie:

Herrlichkeit ziemet Dir, Herr unser Gott. Und Dir empor entsenden wir die Herrlichkeit, dem Vater und dem Sohne und dem Heiligen Geiste, jetzt und immerdar und in die Ewen der Ewen. Amen.

Die Doxologie zum Aufsteigen der Sonne

Herrlichkeit in den Höhen Gott,
und auf Erden Friede,
den Menschen Wohlgefallen.
Wir preisen Dich, segnen Dich,
beten Dich an, verherrlichen Dich,
danken Dir ob Deiner großen Herrlichkeit.
Herr, König, himmlischer, Gott, Vater,
Allmächtiger,

Herr, eingeborener Sohn, Ihesus Christ,
und Heiliger Geist.
Herr, Du Gott, Lamm Gottes, Sohn des Vaters,
Der Du nimmst die Sünde der Welt,
erbarm Dich unser,
Der Du nimmst all die Sünden der Welt.
Empfang unser Flehen, Der Du sitzest
zur Rechten des Vaters,
und erbarm Dich unser.
Denn Du bist einzig der Heilige,
Du bist einzig der Herr,
Ihesus Christ, zur Herrlichkeit Gottes
des Vaters. Amen.
Tag für Tag segne ich Dich und lobe ich
Deinen Namen in die Ewe,
ja in die Ewe der Ewe.
Herr, Zuflucht bist Du uns geworden
von Geschlecht zu Geschlecht.
Ich sprach: Herr, erbarm Dich mein, heil meine
Seele, denn gesündigt hab ich vor Dir.
Herr, zu Dir flieh ich, lehr mich tun
Deinen Willen,
denn Du bist mein Gott.
Denn Du bist die Quelle des Lebens,
in Deinem Lichte sehen wir das Licht.
Erweis Deine Huld uns, die wir Dich erkennen.
Würdig, Herr, uns, diesen Tag sündlos
uns zu bewahren.
Gesegnet bist Du, Herr, Gott unserer Väter,
und gelobt und verherrlicht Dein Name
in die Ewen. Amen.

Es walte, Herr, Deine Huld über uns,
da wir hoffen auf Dich.
Gesegnet bist Du, Herr, lehr mich
Deine Gerechtsame.
Gesegnet bist Du, Gebieter, mach mich
verständig Deiner Gerechtsame.
Gesegnet bist Du, Heiliger, erleucht mich
in Deinen Gerechtsamen.
Herr, Deine Huld währt in die Ewe,
nicht verschmäh die Werke Deiner Hände.
Dir ziemet Lob, Dir ziemet Preis,
Herrlichkeit ziemet Dir,
dem Vater und dem Sohne
und dem Heiligen Geiste,
jetzt und immerdar
und in die Ewen der Ewen. Amen.

Es folgen die wechselnden Apostichen mit den Stichen.
Hier als Beispiel *Apostichen* im Tone 6
und die *Stichen aus Psalm 100*.

Erster Apostichos:

Im Gedächtnisse, Herr, Deiner Heiligen, + feiert die ganze Schöpfung froh, + die Himmel mit den Engeln jubeln, + die Erde mit den Menschen freuet sich. + Auf ihre Fürbitten + erbarm Dich unser.

Erster Stichos:

Füll in der Frühe uns mit Deiner Huld, daß wir frohlocken und uns freuen all unserer Tage. Erfreu uns für die Tage, da Du uns erniedrigt, die Jahre, da wir Unheil sahen. Leuchten mögen

Deinen Knechten Deine Werke und ihren Söhnen Deine Herrlichkeit.

Zweiter Apostichos:

Für alle, die den Herren fürchten, + ist Jubel das Gedächtnis Seiner Zeugen. + Sie stritten ja um Christen willen, + gewannen die Kränze durch ihn + und beten jetzt voll Zuversicht + für unsere Seelen.

Zweiter Stichos:

Und die Milde des Herren unseres Gottes sei über uns und reif unserer Hände Werke über uns, ja reif unserer Hände Werk.

Dritter Apostichos:

Wunderbar hat Seine Auserwählten + und Seine Heiligen erwiesen unser Gott. + Freut euch und frohlockt, ihr Seine Knechte. + Euch ist bereitet der Kranz, + euer ist Sein Königtum. + Wir bitten euch, vergesset nicht unser zu gedenken.

Herrlichkeit dem Vater und dem Sohne
und dem Heiligen Geiste,
und jetzt und immerdar
und in die Ewen der Ewen. Amen.

Theotokion:

Erzengelgruß empfingest du, + zum Cherubthrone wurdest du, + auf deinen Armen trugest du, + Gottgebärerin, die Hoffnung unserer Seelen.

Darauf wird gesprochen:

Gut ist, zu bekennen dem Herrn, und aufzuspielen Deinem Namen, Höchster, zu künden in der Frühe Deine Huld und Deine Wahrheit durch die Nacht.

Heilig Du Gott, Heilig Du Starker,
Heilig Du Unsterblicher:
Erbarm Dich unser.
Heilig Du Gott, Heilig Du Starker,
Heilig Du Unsterblicher:
Erbarm Dich unser.
Heilig Du Gott, Heilig Du Starker,
Heilig Du Unsterblicher:
Erbarm Dich unser.

Herrlichkeit dem Vater und dem Sohne
und dem Heiligen Geiste,
und jetzt und immerdar
und in die Ewen der Ewen. Amen.

Allheilige Dreifalt, erbarm Dich unser:
Herr, genade unseren Sünden.
Gebieter, verzeih uns die Verschulden.
Heiliger, such heim und heil unsere Gebrechen,
um Deines Namens willen.

Herr, erbarm Dich. Herr, erbarm Dich.
Herr, erbarm Dich.

Herrlichkeit dem Vater und dem Sohne
und dem Heiligen Geiste,
und jetzt und immerdar
und in die Ewen der Ewen. Amen.

Das Herrengebet

Vater unser, Du in den Himmeln:
Geheiliget sei der Name Dein.
Es komme das Königtum Dein.
Es werde der Wille Dein,
wie im Himmel auf Erden.
Das Brot, uns zum Sein, gib uns heute.
Und erlaß uns unsere Schulden,
so wir erlassen unseren Schuldnern.
Und nicht gib uns preis der Versuchung,
sondern befrei uns von dem Bösen.
Denn Dein ist das Königtum und die
Kraft und die Herrlichkeit, jetzt und
immerdar, und in die Ewen der Ewen.
Amen.

    Allgemein gebräuchliche Fassung:

Vater unser im Himmel,
geheiligt werde dein Name.
Dein Reich komme,
dein Wille geschehe
wie im Himmel so auf Erden.
Unser tägliches Brot gib uns heute.
Und vergib uns unsere Schuld,
wie auch wir vergeben unsern Schuldigern.

Und führe uns nicht in Versuchung,
sondern erlöse uns von dem Bösen.
Denn dein ist das Reich und die Kraft
und die Herrlichkeit in Ewigkeit.
Amen.

> Darauf die *Tropare des Tages oder der Heiligen*.
> Hier als Beispiel Tropare im Tone 6 *für alle Tage:*

Erbarm Dich unser, Herr, + erbarm Dich unser. + Keiner Rechtfertigung fähig, + tragen wir Sünder dies Flehen + Dir, dem Gebieter, vor: + Erbarm Dich unser.

Herrlichkeit dem Vater und dem Sohne
und dem Heiligen Geiste.

Herr, erbarm Dich unser. + Auf Dich vertrauen wir ja. + Nicht wolle gestrenge uns zürnen, + noch unserer Schuldnisse achten, + sondern in Barmherzigkeit + blick auf uns jetzt herab + und erlös uns von unseren Feinden. + Du ja bist unser Gott, + und wir sind Dein Volk, + sind Werke Deiner Hände. + Und Deinen Namen rufen wir an.

Und jetzt und immerdar
und in die Ewen der Ewen. Amen.

Eröffne uns die Türe der Barmherzigkeit, + gesegnete Gottgebärerin. + Nicht enttäuscht werden wir + im Hoffen auf dich, + sondern befreit aus

Gefahren. + Denn du bist das Heil + des Christen-
volkes.

Und dann das *Gebet:*

Wir loben, preisen, segnen Dich und danken Dir,
Gott unserer Väter, daß Du vorbeigeführt hast
den Schatten der Nacht und uns wiedergeschenkt
das Licht des Tages. Nun flehen wir zu Deiner
Güte: genade unseren Sünden; und nimm in
Deiner großen Barmherzigkeit auf unser Gebet.
Zu Dir ja nehmen wir Zuflucht, dem barmherzigen und allgewaltigen Gott. Erstrahlen laß in
unseren Herzen die wahre Sonne Deiner Gerechtigkeit. Erleucht unseren Verstand und bewahr
heil unsere ganzen Sinne, daß wir in schöner
Haltung, wie es sich ziemet am Tage, den Weg
Deiner Gebote beschreiten und gelangen zum
ewigen Leben. Denn bei Dir ist der Ursprung des
Lebens. Und durch Dich werden wir gewürdigt
der Teilhabe am Genusse des unzugänglichen
Lichtes. Du ja bist unser Gott, und Dir empor
entsenden wir die Herrlichkeit, dem Vater und
dem Sohne und dem Heiligen Geiste, jetzt und
immerdar und in die Ewen der Ewen. Amen.

Durch die Gebete unserer heiligen Väter,
Herr Ihesus Christ, Gottes Sohn,
erbarm Dich unser. Amen.

Ammas Synkletike († um 400)

ZUR
ERSTEN STUNDE

„Des Morgens hör auf meine Stimme, mein König und mein Gott." In einem Rechtschreib-Duden fand ich unter Prim: Fechthieb. Ich finde, das ist ein gutes Bild für uns, denn mit unserem Gebet wollen wir ja die Welt erretten aus den Dräuen des Todes, vor den Anfechtungen der Mächte der Finsternis, und sie emporheben in die Himmel, sie wandeln und verklären. Unsere Klinge ist das Gebet. Aber unsere Waffen sind Demut, Verzeihen, Gebet, Glaube, Hoffnung, Liebe, Lauterkeit, Sanftmut, Versöhnung. Nichts kann uns Seiner überreichen Gnade berauben, so laßt uns üben, uns in Seine Herrlichkeit zu gewanden. Die Welt ist in Sünde gefallen, doch Gott sandte Seinen eingeborenen Sohn, um den Menschen, der gelähmt war, da er von den göttlichen Weisungen abgewichen, zu heilen. Wieder lernen wir das Zittern vor Seiner Erhabenheit, um unsere Torheit in Weisheit zu wandeln, denn der Anfang aller Weisheit ist die Furcht Gottes. Vor allem aber wollen wir lernen, unsere Feinde zu lieben, denn dies ist die Krone der Gebote der Heiligen Schrift, und wenn wir damit anfangen, beginnen wir in der unermeßlichen Fülle der unbegreiflichen Liebe der allheiligen Dreifalt zu atmen. Und wenn wir Christen tatsächlich die Weisungen der Schrift erfüllen, dann wandeln wir die Welt, dann hebt die Verklärung der Schöpfung an, dann bekennen wir wahrhaft: „Mein König und mein Gott!"

Laut Maltzew erinnert uns die Erste Stunde auch daran, wie der Herr Jesus Christus von Kaiphas zu Pilatus geschickt und von seinen Feinden fälschlich beschuldigt und verurteilt ward. So sollte diese Stunde uns mahnen, daß ein unredliches Herz von uns weicht, wir in der Unschuld unseres Herzens wandeln und nicht Böses heimlich wider unsere Nächsten reden (Psalm 100). Wenn wir selbst uns hüten, Verleumdungen auszusprechen, beginnen wir den Tag viel gesammelter und ruhiger, und der Herr vermag uns wie mit einem Helm mit Wohlgefallen zu krönen (Psalm 5).

Frühandacht
Erste Stunde / Prim

Durch die Gebete unserer heiligen Väter,
Herr Ihesus Christ, Gottes Sohn,
erbarm Dich unser. Amen.

Herrlichkeit Dir, unser Gott, Herrlichkeit Dir.

Wechselgesang im Tone 6:

Des Morgens hör auf meine Stimme, + mein König und mein Gott.

Erster Stichos:

Merk, o Herr, auf meine Rede, vernimm mein Rufen.

Wieder:

Des Morgens hör auf meine Stimme, + mein König und mein Gott.

Zweiter Stichos:

Denn zu Dir bete ich, o Herr, erhör des Morgens meine Stimme.

Und wiederum:

Des Morgens hör auf meine Stimme, + mein König und mein Gott.

Darauf:

Herrlichkeit dem Vater und dem Sohne
und dem Heiligen Geiste,
und jetzt und immerdar
und in die Ewen der Ewen. Amen.

Das *Troparion der Ersten Stunde:*

Meine Schritte lenk nach Deiner Weisung, + daß keine Schuldnis herrsche über mich. + Erlös mich von der Lästerung der Menschen, + und Deine Gebote will ich wahren. + Dein Antlitz scheine über Deinem Knechte, + und lehr mich Deine Gerechtsame. + Erfüllet sei mein Mund mit Deinem Lobe, Herr, + daß ich preise Deine Herrlichkeit, + Deine Erhabenheit den ganzen Tag.

Darauf das *Trishagion:*

Heilig Du Gott, Heilig Du Starker,
Heilig Du Unsterblicher:
Erbarm Dich unser.
Heilig Du Gott, Heilig Du Starker,
Heilig Du Unsterblicher:
Erbarm Dich unser.
Heilig Du Gott, Heilig Du Starker,
Heilig Du Unsterblicher:
Erbarm Dich unser.

Das Herrengebet

Vater unser, Du in den Himmeln:
Geheiliget sei der Name Dein.
Es komme das Königtum Dein.
Es werde der Wille Dein,
wie im Himmel auf Erden.
Das Brot, uns zum Sein, gib uns heute.
Und erlaß uns unsere Schulden,
so wir erlassen unseren Schuldnern.
Und nicht gib uns preis der Versuchung,
sondern befrei uns von dem Bösen.
Denn Dein ist das Königtum und die
Kraft und die Herrlichkeit, jetzt und
immerdar, und in die Ewen der Ewen.
Amen.

Allgemein gebräuchliche Fassung:

Vater unser im Himmel,
geheiligt werde dein Name.
Dein Reich komme,
dein Wille geschehe
wie im Himmel so auf Erden.
Unser tägliches Brot gib uns heute.
Und vergib uns unsere Schuld,
wie auch wir vergeben unsern Schuldigern.
Und führe uns nicht in Versuchung,
sondern erlöse uns von dem Bösen.
Denn dein ist das Reich und die Kraft
und die Herrlichkeit in Ewigkeit.
Amen.

Das *Gebet:*

Christ, wahres Licht, Der Du erleuchtest und heiligest jeden Menschen, der in die Welt kommt: Es präge sich auf uns das Licht Deines Antlitzes, daß wir in ihm erschauen das unzugängliche Licht. Und lenk unsere Schritte zum Tun Deiner Gebote, auf die Fürsprache Deiner allreinen Mutter und all Deiner Heiligen. Amen.

Durch die Gebete unserer heiligen Väter,
Herr Ihesus Christ, Gottes Sohn,
erbarm Dich unser. Amen.

ZUR DRITTEN STUNDE

„Herr, Der Du Deinen allheiligen Geist + zur dritten Stunde auf die Apostel gesandt, + Ihn nimm, Guter, nicht von uns, + sondern erneu in uns, die wir zu Dir flehen."

Das christliche Leben blüht auf zur Neuen Schöpfung, vervollkommnet sich durch das Leben in den Mysterien, Geheimnisweihen, dem Neuen Leben durch Christus im Heiligen Geist. Glied der Kirche wird der Gläubige durch die Einweihungsgeheimnisse: Taufe, Firmung und Kommunion. Die heilige Myronsalbung ist die Gabe des Heiligen Geistes, damit wir all das, was uns durch die heilige Taufe eingepfropft, geschenkt und anvertraut wurde, verwirklichen. Und wie der heilige Seraphim von Sarov sagt, ist das christliche Leben ein Ringen um den Heiligen Geist. Ja, unser Leben soll zu einem unentwegten Pfingsten werden. Durch das Ringen um den Heiligen Geist kämpfen wir gegen den geistigen Tod, und so vermag jeder Christ in jeder Sekunde seines Lebens aufzuerstehen durch Umkehr. Durch die Firmung wird jeder Gläubige zum Priester, indem er Opfer bringt und vor allem sein eigenes Leben hingibt, zum König, da er Sieger über die Leidenschaften wird, und zum Propheten, da er den Willen Gottes hört, erkennt und erfüllt.

Der heilige Symeon sagt: „Jener, Der von Natur aus Gott ist, unterredet sich mit jenen, die Er durch Gnade zu Göttern gemacht hat, wie ein Freund mit seinen

Freunden, von Angesicht zu Angesicht. Er liebt Seine Söhne wie ein Vater und wird von ihnen über alles Maß geliebt. Er wird in ihnen zu einer wunderbaren Erkenntnis, zu einem furchteinflößenden Hören. Sie können von Ihm nicht so sprechen, wie es sich ziemte, aber sie können auch nicht von Ihm schweigen ... Der Heilige Geist wird ihnen all das, was die Heilige Schrift vom Königtum der Himmel sagt: Perle, Senfkorn, Wasser, Feuer, Brot, Lebenstrank, Ruhestatt und Brautgemach, Bräutigam, Freund, Bruder und Vater." Und Makarios der Ägypter sagt, daß das Feuer der Gnade, das der Heilige Geist in den Herzen der Christen entfacht, bewirkt, daß sie gleich Kerzen vor dem Sohne Gottes brennen. Das Gebet hilft uns, zu so einer brennenden Kerze zu werden.

Im Antiphon des Fünften Tones singen wir: „Den Heiligen Geist lasset uns preisen, Seine Gottheit bekennen und sprechen: Du bist Gott, Leben, Licht, Vernunft, Du bist Güte; Du herrschest in die Ewen." Jede Dritte Stunde ermahnt uns, um diesen Heiligen Geist zu flehen. Die Herabkunft des Heiligen Geistes zur Dritten Stunde auf die Apostel bewirkte ja nicht nur, daß sie in verschiedenen Sprachen sprechen konnten, sondern zu den Herzen der Menschen, daß ihr Reden auf fruchtbaren und bereiten Boden fiel. Dazu helfe uns der Heilige Geist.

Der große Dichter Hölderlin sagt: „Göttliches Feuer auch treibet, bei Tag und bei Nacht / Aufzubrechen. So komm! Daß wir das Offene schauen, / Daß ein Eigenes wir suchen, so weit es auch ist." Und Angelus Silesius: „Blüh auf, gefrorner Christ, der Mai steht vor der Tür, / du bleibest ewig tot, blühst du nicht jetzt und hier."

Vormittagsandacht
Dritte Stunde / Terz

Durch die Gebete unserer heiligen Väter,
Herr Ihesus Christ, Gottes Sohn,
erbarm Dich unser. Amen.

Herrlichkeit Dir, unser Gott, Herrlichkeit Dir.

Wechselgesang im Tone 6:

Herr, Der Du Deinen allheiligen Geist + zur dritten Stunde auf die Apostel gesandt, + Ihn nimm, Guter, nicht von uns, + sondern erneu in uns, die wir zu Dir flehen.

Erster Stichos:

Ein reines Herz stift in mir, Gott, den rechten Geist erneu in meinem Innern.

Wieder:

Herr, Der Du Deinen allheiligen Geist + zur dritten Stunde auf die Apostel gesandt, + Ihn nimm, Guter, nicht von uns, + sondern erneu in uns, die wir zu Dir flehen.

Zweiter Stichos:

Verwirf mich nicht von Deinem Angesichte, und Deinen Geist, den Heiligen, nimm nicht von mir.

Wiederum:

Herr, Der Du Deinen allheiligen Geist + zur dritten Stunde auf die Apostel gesandt, + Ihn nimm, Guter, nicht von uns, + sondern erneu in uns, die wir zu Dir flehen.

Herrlichkeit dem Vater und dem Sohne
und dem Heiligen Geiste,
und jetzt und immerdar
und in die Ewen der Ewen. Amen.

Das *Troparion der Dritten Stunde:*

Gott der Herr sei gesegnet, + gesegnet der Herr Tag für Tag. + Wohlfahrt schenke uns Gott, Der uns Heilstaten wirkt, + unser Gott, Der stark ist zu retten.

Das *Trishagion:*

Heilig Du Gott, Heilig Du Starker,
Heilig Du Unsterblicher:
Erbarm Dich unser.
Heilig Du Gott, Heilig Du Starker,
Heilig Du Unsterblicher:
Erbarm Dich unser.
Heilig Du Gott, Heilig Du Starker,
Heilig Du Unsterblicher:
Erbarm Dich unser.

Das Herrengebet

Vater unser, Du in den Himmeln:
Geheiliget sei der Name Dein.
Es komme das Königtum Dein.

Es werde der Wille Dein,
wie im Himmel auf Erden.
Das Brot, uns zum Sein, gib uns heute.
Und erlaß uns unsere Schulden,
so wir erlassen unseren Schuldnern.
Und nicht gib uns preis der Versuchung,
sondern befrei uns von dem Bösen.
Denn Dein ist das Königtum und die
Kraft und die Herrlichkeit, jetzt und
immerdar, und in die Ewen der Ewen.
Amen.

Allgemein gebräuchliche Fassung:

Vater unser im Himmel,
geheiligt werde dein Name.
Dein Reich komme,
dein Wille geschehe
wie im Himmel so auf Erden.
Unser tägliches Brot gib uns heute.
Und vergib uns unsere Schuld,
wie auch wir vergeben unsern Schuldigern.
Und führe uns nicht in Versuchung,
sondern erlöse uns von dem Bösen.
Denn dein ist das Reich und die Kraft
und die Herrlichkeit in Ewigkeit.
Amen.

Und das *Gebet:*

Herr, unser Gott, Der Du Deinen Frieden den Menschen beschert und die Gnadengabe des allheiligen Geistes auf Deine Apostel und Jünger herabgesandt und in Deiner Kraft durch feurige

Zungen ihre Lippen geöffnet hast: Öffne auch uns Sündern die Lippen und lehr uns, wie es recht ist, und wofür es not ist, zu beten. Steure Du unser Leben, Du zuverlässige Zuflucht der Sturmbedrängten, und laß uns erkennen den Weg, auf dem wir wandeln sollen. Den rechten Geist erneu in unserm Innersten, und mit dem fürstlichen Geiste stärk Du unser so wankelmütiges Sinnen, auf daß wir, jeden Tag durch Deinen Geist, den Guten, zum Tauglichen geleitet, gewürdigt seien, Deine Gebote zu tun und uns allzeit bewußt zu sein Deiner herrlichen und alles Tun der Menschen erhellenden Gegenwart. Und befähig uns, von den verderblichen Lüsten dieser Welt uns nicht täuschen zu lassen, sondern auf den Genuß der künftigen Güter ausgerichtet zu sein: Der Du gesegnet bist und hochgelobt in allen Deinen Heiligen in die Ewen der Ewen. Amen.

Oder dieses *Gebet:*

Gebieter, Gott Vater Allmächtiger, Herr, eingeborener Sohn Ihesus Christ, und Heiliger Geist, Du einige Gottheit, einige Kraft, genade mir Sünder, und nach den Ratschlüssen, die bei Dir stehen, rett mich, Deinen unwerten Knecht, Der Du gesegnet bist in die Ewen der Ewen. Amen.

Durch die Gebete unserer heiligen Väter,
Herr Ihesus Christ, Gottes Sohn,
erbarm Dich unser. Amen.

ZUR SECHSTEN STUNDE

„Du, am sechsten Tage zur sechsten Stunde + geschlagen an das Kreuz: + Tilg die einst im Paradiese + von Adam begangene Sünde. + Und den Schuldbrief unserer Verstöße + reiß entzwei, Christ Gott, + und rett uns."

Man kann sagen, daß die ganze Schöpfung auf das Kreuz hin gebildet wurde. „Errichtet an einer Stätte, wirkt es weit in der Welt." Seine horizontale Ausdehnung zeigt, wie Christus durch seinen freiwilligen Tod und sein herrliches Auferstehen alle und alles mit Liebe umfaßt und im Heiligen Geist zum himmlischen Vater heimführt; die Vertikale zeigt, wie die Liebe Gottes vom Himmel auf die Erde herabströmt. Aber auch der Mensch wächst dem Kreuze gemäß vertikal, indem er das Bild Gottes in sich zur schönsten Entfaltung bringt, und horizontal, indem er die Erde mit Nachkommen füllt, sei es in Familie oder Mönchtum, mit Früchten guter Werke. Das Sein aber ist wichtiger als das Tun, denn erst wenn wir geistig etwas „geworden sind", die Worte Christi im Herzen haben reifen lassen, können wir wirken, blüht der verborgene Herzensmensch auf. Das Kreuz ist ein Symbol der Erfüllung, eine Bürgschaft des Gelingens, es macht das Unvollkommene vollkommen, das Alte jung, das Vergängliche und Verwesliche unvergänglich und unverweslich.

Metropolit Philaret von Moskau sagt: „Der Vater ist die Liebe, die kreuzigt, der Sohn die Liebe, die gekreuzigt wird, und der Geist die Liebe, die in der unbezwingbaren Kraft des Kreuzes siegt."

Die Kirche ist eine Kraft zur Reinigung und zur Erleuchtung. Das Kreuz hilft, uns zu reinigen, die Erleuchtung wachzuhalten. Das Kreuz ist gewiß die enge Pforte, aber durchschreiten wir diese enge Pforte durch alle Fährnisse, Schwierigkeiten und Fehler, dann gelangen wir in das lichtumflutete Tal der Auferstehung und vermeiden die breite Pforte der Bequemlichkeit, Langeweile, Herzenshärte, deren Ende der Tod ist. Das Tragen des Kreuzes hilft uns, daß wir uns in den Neuen Adam wandeln. Das richtig angenommene Leiden wandelt. Vergessen wir nicht, die meisten von uns leiden an den eigenen Fehlern, Schwierigkeiten, Dunkelheiten, und wenn Gott durch das Kreuz zum Menschen kommt, dann, um den Menschen aufzuerwecken, ihn zur Herrlichkeit des Auferstehens zu bringen.

Der heilige Paulus sagt: „Ich aber will mich allein des Kreuzes Jesu Christi rühmen, durch das mir die Welt gekreuzigt ist und ich der Welt" (Galater 6,14). – „Der für die Welt gekreuzigte Mensch entflieht dem Tod, wie auch die Welt, gekreuzigt für den Menschen und im Menschen, ihm entflieht" (Dumitru Staniloae). Soll etwas standhalten, stark sein, dann müssen wir Opfer bringen: „Erst indem der Mensch sich von den Dingen löst, stößt er auf Gott, Der unendlich mehr bedeutet als alle Seine Gaben. Das Kreuz, das der Mensch auf sich nimmt, der sich von den Dingen löst, und das Grab des Vergessens, in dem sie für ihn versinken, führen ihn zur Auferstehung" (Staniloae). Das Kreuz öffnet uns das Paradies: Zum Schächer am Kreuz, dem ersten Bürger des Paradieses, sagt Jesus: „Heute noch wirst du mit Mir im Paradiese sein."

Mittagsandacht
Sechste Stunde / Sext

Durch die Gebete unserer heiligen Väter,
Herr Ihesus Christ, Gottes Sohn,
erbarm Dich unser. Amen.

Herrlichkeit Dir, unser Gott, Herrlichkeit Dir.

Wechselgesang im Tone 2:

Du, am sechsten Tage zur sechsten Stunde + geschlagen an das Kreuz: + Tilg die einst im Paradiese + von Adam begangene Sünde. + Und den Schuldbrief unserer Verstöße + reiß entzwei, Christ Gott, + und rett uns.

Erster Stichos:

Merk, o Gott, auf mein Gebet, und nicht verschmäh mein Flehen.

Wieder:

Du, am sechsten Tage zur sechsten Stunde + geschlagen an das Kreuz: + Tilg die einst im Paradiese + von Adam begangene Sünde. + Und den Schuldbrief unserer Verstöße + reiß entzwei, Christ Gott, + und rett uns.

Zweiter Stichos:

Ich hab zu Gott gerufen, und der Herr hat mich erhöret.

Und wiederum:

Du, am sechsten Tage zur sechsten Stunde + geschlagen an das Kreuz: + Tilg die einst im Paradiese + von Adam begangene Sünde. + Und den Schuldbrief unserer Verstöße + reiß entzwei, Christ Gott, + und rett uns.

Herrlichkeit dem Vater und dem Sohne
und dem Heiligen Geiste,
und jetzt und immerdar
und in die Ewen der Ewen. Amen.

Das *Troparion der Sechsten Stunde*:

Eilend mögen uns zu Hilfe kommen + Deine Erbarmnisse, Herr, + denn gar elend sind wir und arm. + Hilf uns, Gott unser Heiland, + um der Herrlichkeit willen Deines Namens. + Herr, mach uns frei, + und genade unseren Sünden, + um Deines Namens willen.

Das *Trishagion*:

Hcilig Du Gott, Heilig Du Starker,
Heilig Du Unsterblicher:
Erbarm Dich unser.
Heilig Du Gott, Heilig Du Starker,
Heilig Du Unsterblicher:
Erbarm Dich unser.
Heilig Du Gott, Heilig Du Starker,
Heilig Du Unsterblicher:
Erbarm Dich unser.

Das Herrengebet

Vater unser, Du in den Himmeln:
Geheiliget sei der Name Dein.
Es komme das Königtum Dein.
Es werde der Wille Dein,
wie im Himmel auf Erden.
Das Brot, uns zum Sein, gib uns heute.
Und erlaß uns unsere Schulden,
so wir erlassen unseren Schuldnern.
Und nicht gib uns preis der Versuchung,
sondern befrei uns von dem Bösen.
Denn Dein ist das Königtum und die
Kraft und die Herrlichkeit, jetzt und
immerdar, und in die Ewen der Ewen.
Amen.

    Allgemein gebräuchliche Fassung:

Vater unser im Himmel,
geheiligt werde dein Name.
Dein Reich komme,
dein Wille geschehe
wie im Himmel so auf Erden.
Unser tägliches Brot gib uns heute.
Und vergib uns unsere Schuld,
wie auch wir vergeben unsern Schuldigern.
Und führe uns nicht in Versuchung,
sondern erlöse uns von dem Bösen.
Denn dein ist das Reich und die Kraft
und die Herrlichkeit in Ewigkeit.
Amen.

Und das *Gebet:*

Gott und Herr der Kräfte und Walter der gesamten Schöpfung, Der Du aus dem Herzensgrunde Deiner unermeßlichen Huld Deinen eingeborenen Sohn, unseren Herrn Ihesus Christ, herniedergesandt hast zum Heile unseres Geschlechtes, und Der Du durch Sein kostbares Kreuz den Schuldbrief unserer Sünden zerrissen und damit niedergezwungen hast die Gewalten und Fürsten der Finsternis: Du, Gebieter, Freund des Menschen, nimm an auch von uns Sündern diese Gebete des Dankes und Flehens. Rett uns von jedem verderblichen und finsteren Falle, und von allen sichtbaren und unsichtbaren Feinden, die uns zu schaden trachten. Ergriffen von Deiner Furcht mach unser Fleisch, und laß nicht unsere Herzen sich neigen zu Worten oder Gedanken der Bosheit. Sondern durchdring unsere Seelen mit Liebe zu Dir, daß wir, allzeit auf Dich ausgerichtet, und von dem Lichte Deiner Nähe geleitet, Dich, das unzugängliche und unlöschbare Licht erstreben, und Dir unentwegt darbringen Huldigung und Dank: Dir, ursprungloser Vater, und so auch Deinem eingeborenen Sohne und Deinem allheiligen, guten und lebenschaffenden Geiste, jetzt und immerdar, und in die Ewen der Ewen. Amen.

Durch die Gebete unserer heiligen Väter,
Herr Ihesus Christ, Gottes Sohn,
erbarm Dich unser. Amen.

ZUR
NEUNTEN STUNDE

„Der Du zur neunten Stunde unserthalb + im Fleische gekostet den Tod, + ertöt unser fleischliches Sinnen, + Christ Gott, und rett uns."

Die Neunte Stunde ermahnt, erinnert, spornt uns an, unser fleischliches Sinnen zu ertöten, um geistlich zu werden. Der glückselige Augustinus sagte ja, wessen Fleisch nicht geistig wird, dessen Geist wird fleischlich. Denn unser fleischliches Sinnen ist oft mit dem Eigenwillen verbunden, jener großen Mauer zwischen uns und unserer Einung mit Gott und den Nächsten.

„Der Eigenwille des Menschen ist eine Mauer aus Erz zwischen ihm und Gott, ein Fels, an dem alles abprallt. Wenn nun der Mensch seinen Willen aufgibt, dann sagt er selbst: In meinem Gott werde ich die Mauer überspringen (Psalm 17,30). Wenn also die Gerechtigkeit mit dem Willen zusammenstimmt, dann arbeitet der Mensch mit Frucht" (Abbas Poimen).

Aber bei allem so notwendigen asketischen Ringen müssen wir wissen, daß wir nicht gegen den Leib, sondern gegen die Leidenschaften kämpfen. Der heilige Seraphim von Sarov sagt: „Nicht so sehr den Leib, sondern die Leidenschaften wollen wir abtöten. Der Leib soll Freund und Diener der Seele beim Werke der Vollendung sein. Wenn der Leib sonst erschöpft ist, wird die Seele auch geschwächt." Derselbe bewundernswerte Vater sagt über die Demut, diese große Kraft, die das Feuer des geistlichen Ringens erhält: „Demütigen wir uns, und wir werden die Herrlichkeit Gottes schauen, und dort, wo die Demut ist, dort offenbart sich die göttliche Herrlichkeit."

So ist uns der Leib nicht Gefängnis, auch er will erhoben werden, denn der Mensch als ganzer – Geist, Seele, Leib – hat an der Vergöttlichung teil. „Die geistige Freude", sagt der heilige Gregor Palamas, „die vom Geist in den Leib eindringt, wird durch die Gemeinschaft mit dem Leib überhaupt nicht zerstört, sondern wandelt den Leib und macht ihn geistig, weil der Leib nun alle schlechten Begierden des Fleisches verliert, die Seele nicht mehr nach unten zieht, sondern sich mit der Seele erhebt, dermaßen, daß der Mensch als ganzer Geist wird, dem folgend, wie geschrieben ist: Was vom Geist geboren wird, das ist Geist (Johannes 3,7)."

Gewiß kommt es schon in unserem jetzigen Leben darauf an, wie wir uns auf das künftige, verheißene Leben in der Fülle des Königtums der Himmel rüsten. Schön sagt der heilige Ephraim der Syrer: „Wie ein jeder das Auge im Diesseits gereinigt, so wird er dort schauen können die Herrlichkeit des Allerhöchsten. Wie ein jeder das Ohr im Diesseits geöffnet, so wird er dort fassen können Seine Weisheit. Wie ein jeder sein Inneres im Diesseits weit gemacht, so wird er dort aufnehmen können von Seinen Schätzen." Und jeder Freund Gottes soll sich ja im Tempel seines Herzens durch Gebet und Schweigen und Rückzug von den irdischen Vergnügungen und Sorgen auf das Kommen des Herrn rüsten. Die Martyrer folgen Christus mit der Hingabe ihres Lebens und haben umso strahlender an Seinem Auferstehen teil. Ergreifend sind die Worte eines Martyrers unseres Jahrhunderts, des römisch-katholischen Priesters Max Josef Metzger:

„Nun ist es also geschehen. Ich bin ruhig. Ich habe mein Leben Gott angeboten für den Frieden der Welt und die Einheit der Kirche. Wenn Gott es annimmt, freue ich mich, wenn Er mir noch weiter das Leben schenkt, bin ich auch dankbar. Wie Gott will. Sagt allen Brüdern und Schwestern einen letzten Gruß und seid nicht traurig. Das Christkönigsfest wird etwas schwer werden, aber singt trotzdem Halleluja. Und bleibt eurem König Christus treu."

Nachmittagsandacht
Neunte Stunde / Non

Durch die Gebete unserer heiligen Väter,
Herr Ihesus Christ, Gottes Sohn,
erbarm Dich unser. Amen.

Herrlichkeit Dir, unser Gott, Herrlichkeit Dir.

Wechselgesang im Tone 8:

Der Du zur neunten Stunde unserthalb + im Fleische gekostet den Tod, + ertöt unser fleischliches Sinnen, + Christ Gott, und rett uns.

Erster Stichos:

Mein Flehen komme vor Dich, Herr,
nach Deiner Weisung mach mich verständig.

Wieder:

Der Du zur neunten Stunde unserthalb + im Fleische gekostet den Tod, + ertöt unser fleischliches Sinnen, + Christ Gott, und rett uns.

Zweiter Stichos:

Meine Huldigung gelange zu Dir, Herr,
nach Deiner Weisung erlös mich.

Wiederum:

Der Du zur neunten Stunde unserthalb + im Fleische gekostet den Tod, + ertöt unser fleischliches Sinnen, + Christ Gott, und rett uns.

Herrlichkeit dem Vater und dem Sohne
und dem Heiligen Geiste,
und jetzt und immerdar
und in die Ewen der Ewen. Amen.

Das *Troparion der Neunten Stunde:*

Nicht verwirf uns bis ans Ende, + um Deines heiligen Namens willen, + und nicht lös auf Deinen Bund, + und nicht wend von uns Deine Huld, + um Abrahams willen, Deines Geliebten, + und Isaaks, Deines Knechtes, + und Israels, Deines Heiligen.

Das *Trishagion:*

Heilig Du Gott, Heilig Du Starker,
Heilig Du Unsterblicher:
Erbarm Dich unser.
Heilig Du Gott, Heilig Du Starker,
Heilig Du Unsterblicher:
Erbarm Dich unser.
Heilig Du Gott, Heilig Du Starker,
Heilig Du Unsterblicher:
Erbarm Dich unser.

Das Herrengebet

Vater unser, Du in den Himmeln:
Geheiliget sei der Name Dein.
Es komme das Königtum Dein.
Es werde der Wille Dein,
wie im Himmel auf Erden.
Das Brot, uns zum Sein, gib uns heute.

Und erlaß uns unsere Schulden,
so wir erlassen unseren Schuldnern.
Und nicht gib uns preis der Versuchung,
sondern befrei uns von dem Bösen.
Denn Dein ist das Königtum und die
Kraft und die Herrlichkeit, jetzt und
immerdar, und in die Ewen der Ewen.
Amen.

    Allgemein gebräuchliche Fassung:

Vater unser im Himmel,
geheiligt werde dein Name.
Dein Reich komme,
dein Wille geschehe
wie im Himmel so auf Erden.
Unser tägliches Brot gib uns heute.
Und vergib uns unsere Schuld,
wie auch wir vergeben unsern Schuldigern.
Und führe uns nicht in Versuchung,
sondern erlöse uns von dem Bösen.
Denn dein ist das Reich und die Kraft
und die Herrlichkeit in Ewigkeit.
Amen.

    Und das *Gebet:*

Gebieter, Herr Ihesus Christ, unser Gott, Der Du großmütig bist gegen unsere Verfehlungen, und Der Du uns geführt hast bis zur gegenwärtigen Stunde, in der Du, hangend am lebenschaffenden Holze, dem reumütigen Räuber den Eingang in das Paradies eröffnet hast und im Tode vernichtet den Tod: Genade uns, Deinen sündigen, unwerten Knechten. Denn wir haben gesündigt und uns schuldig gemacht und sind nicht wert, die Augen zu erheben und zum Himmel emporzuschauen. Haben wir doch den Weg Deiner Gerechtsame verlassen und sind gewandelt nach unserer Herzensbegier. Also flehen wir zu Deiner unermeßlichen Güte: Schon unser, Herr, nach der Fülle Deiner Huld, und erlös uns um Deines Namens willen, sind ja in Nichtigkeit verstrichen unsere Tage. Entreiß uns der Hand des Widersachers. Laß nach uns die Vergehen. Und ertöt unser fleischliches Sinnen, auf daß wir ablegen den alten Menschen und uns hüllen in den neuen, und Dir leben, unserem Gebieter und Wohltäter. Daß wir so Deinen Weisungen folgen und zur ewigen Ruhe gelangen, dorthin, wo die Heimat aller Frohlockenden ist. Denn Du bist die wahre Freude und Wonne aller, die Dich lieben, Christ unser Gott, und Dir empor entsenden wir die Herrlichkeit, somit auch Deinem ursprunglosen Vater und Deinem allheiligen, guten und lebenschaffenden Geiste, jetzt und immerdar, und in die Ewen der Ewen. Amen.

Durch die Gebete unserer heiligen Väter,
Herr Ihesus Christ, Gottes Sohn,
erbarm Dich unser. Amen.

Abbas Poimen († um 450)

ZUM TAGLOB

„In Deinem Königtume gedenk unser, Herr."

Der Mensch lebt nicht vom Brot allein, sondern vor allem vom göttlichen Worte. Unsere Speise sei die Versöhnung, das Verzeihen, die Feindesliebe. Das Hören des lebenschaffenden Wortes stärkt unseren Glauben, so daß wir fähig werden, von unseren subjektiven, kleinlichen, egoistischen Gedanken zur Fülle der Erkenntnis, zur Fülle der Weisheit der allheiligen Dreifalt zu pilgern. Hörend speisen wir das himmlische Wort, das herabgekommen ist auf die Erde, um den Samen des unsterblichen Lebens keimen zu lassen. Der die Himmel bewohnt, ist herabgestiegen und lehrt uns, wieder die himmlische Atmosphäre zu atmen, wieder vertraut zu werden mit dem Himmlischen. So laßt uns täglich die Heilige Schrift lesen und hören. Wer kein Taglob hält, sollte die Lesungen aus den Apostelbriefen und dem Evangelion in eine andere Gebetszeit einbetten. Die Einführungen zu den einzelnen Andachten, die einander ergänzen, wollen zum Gebet ermutigen, zum Kampf gegen den geistigen Tod, zur Liebe zur heiligen Kirche:

„Diese erleuchtende Kraft ist die Kirche, und ihre Kinder werden nach der Auferstehung von allen Seiten zu ihr hinströmen. Sie jauchzet, weil das Licht sie umfließt, das keinen Abend mehr kennt, weil der Glanz des Logos sie umgibt wie ein Brautgewand. Reine und fleckenlose, unwandelbare Schönheit strahlt sie aus ganz und gar, eine Schönheit, die dem Glanz der Himmelslichter in nichts nachsteht. Statt eines Kleides trägt sie das ‚Licht selbst' an sich. Sie vertreibt die winterlichen Wolken ob des immerwährenden Frühlings der Osterfülle" (Heiliger Methodios).

„Die erste Botschaft, die die orthodoxe Kirche den anderen bringen muß, ist der geistige Kampf. Unser geistliches Leben muß ein unentwegter innerer Kampf sein. Um den Nationen und Völkern den Frieden zu bringen, ist es notwendig, von morgens bis abends und von abends bis morgens mit sich zu ringen. Der innere Frieden ist am Ende des Kampfes" (Bischof Johannes von Saint-Denis).

Rüsten wir unser Herz, laßt es uns wie eine Braut schmücken für den, der sich für uns zum Bettler gemacht hat, obwohl König vor den Ewen. „Und der Geist und die Braut sprechen: Komm! Wer es hört, der spreche: Komm! Und wen dürstet, der komme, und wer will, der empfange umsonst Wasser des Lebens." Bereiten wir die Kammer unseres Herzens zur Herberge der allheiligen Dreifalt. Lassen wir die Weisungen Christi in unseren Herzen wohnen, auf daß der Stifter dieser Weisungen selbst eintrete. Möge unser Gebet aufsteigen wie Weihrauch und auch wir aufsteigen von Fest zu Fest, von Reinigung zu Reinigung, von Erleuchtung zu Erleuchtung, von Einung zu Einung. Dies sei jedem Beter von Herzen gewünscht.

Taglob / Typika

Das *Taglob* steht an Stelle der *liturgischen Synaxis*. Es gibt den Rahmen für die Schriftlesungen aus dem Neuen Testament. Es folgt unmittelbar im Anschluß an eine der Kleinen Stunden oder Andachten.

+

Die Glückseligpreisungen der Bergpredigt

Aufgesang:

In Deinem Königtume gedenk unser, Herr.

Zwischenstichos:

Gedenk unser, Herr, wann Du da kommest in Deiner Königschaft.

Glückselig die im Geiste Armen, denn ihrer ist das Königtum der Himmel.
Glückselig die Trauernden, denn sie werden getröstet.
Glückselig die Sanften, denn sie ererben die Erde.
Glückselig die Hungernden und Dürstenden nach Gerechtigkeit, denn sie werden gesättiget.
Glückselig die Barmherzigen, denn sie erlangen Barmherzigkeit.

Glückselig die im Herzen Reinen, denn sie werden Gott schauen.
Glückselig die Friedenstifter, denn sie werden Gottes Söhne heißen.
Glückselig die Verfolgten um der Gerechtigkeit willen, denn ihrer ist das Königtum der Himmel.
Glückselig seid ihr, wenn sie euch hassen und verfolgen und alles Böse wider euch lügnerisch reden Meinethalb.
Freut euch denn und frohlockt, denn groß wird euer Lohn in den Himmeln.

> Darauf die *Lesungen aus Apostelschriften und Evangelion*.
> Dann mit drei Verneigungen:

Gedenk unser, Herr, wann Du da kommest in Deiner Königschaft.

Gedenk unser, Gebieter, wann Du da kommest in Deiner Königschaft.

Gedenk unser, Heiliger, wann Du da kommest in Deiner Königschaft.

> Dann folgende *Apostichen* und *Stichen* im Tone 8:

Der Chor, der himmlische, preist Dich und spricht: + Heilig, heilig, heilig, Herr Sabaoth, + voll sind Himmel und Erde Deiner Herrlichkeit.

Kommt her zu Ihm und werdet licht, und eure Angesichter werden nimmer beschämet.

Der Chor, der himmlische, preist Dich und spricht: + Heilig, heilig, heilig, Herr Sabaoth, + voll sind Himmel und Erde Deiner Herrlichkeit.
Herrlichkeit dem Vater und dem Sohne
und dem Heiligen Geiste.

Der Chor der heiligen Engel und Erzengel + mit all den himmlischen Kräften preist Dich und spricht: + Heilig, heilig, heilig, Herr Sabaoth, + voll sind Himmel und Erde Deiner Herrlichkeit.

Und jetzt und immerdar
und in die Ewen der Ewen. Amen.

Heb auf, laß nach, verzeih, o Gott, + unsere Verstöße, + ob willentlich oder unwillentlich, + ob im Werke oder Worte, + ob in Kenntnis oder Unkenntnis, + ob des Nachts oder des Tages, + ob im Denken oder Sinnen, + sie all verzeih uns als der Gute und des Menschen Freund.

Das Herrengebet

Vater unser, Du in den Himmeln:
Geheiliget sei der Name Dein.
Es komme das Königtum Dein.
Es werde der Wille Dein,
wie im Himmel auf Erden.
Das Brot, uns zum Sein, gib uns heute.
Und erlaß uns unsere Schulden,
so wir erlassen unseren Schuldnern.
Und nicht gib uns preis der Versuchung,
sondern befrei uns von dem Bösen.
Denn Dein ist das Königtum und die
Kraft und die Herrlichkeit, jetzt und
immerdar, und in die Ewen der Ewen.
Amen.

Allgemein gebräuchliche Fassung:

Vater unser im Himmel,
geheiligt werde dein Name.
Dein Reich komme,
dein Wille geschehe
wie im Himmel so auf Erden.
Unser tägliches Brot gib uns heute.
Und vergib uns unsere Schuld,
wie auch wir vergeben unsern Schuldigern.
Und führe uns nicht in Versuchung,
sondern erlöse uns von dem Bösen.
Denn dein ist das Reich und die Kraft
und die Herrlichkeit in Ewigkeit.
Amen.

Darauf zwölfmal:

Herr, erbarm Dich.

Und das *Gebet:*

Allheilige Dreifalt, wesensgleiche Macht, Du unteilbares Königtum, Ursache alles Guten, sei wohlgeneigt auch mir Sünder. Mach stark und verständig mein Herz, und nimm hinweg von mir alle Unreinigkeit. Erleucht meinen Sinn, daß ich allzeit verherrliche, preise, anbete und spreche: Einer der Heilige, einer der Herr, Ihesus Christ, zur Herrlichkeit Gottes des Vaters. Amen.

Und dreimal:

Es sei gesegnet der Name des Herrn,
vonab jetzt und bis in die Ewe.
Es sei gesegnet der Name des Herrn,
vonab jetzt und bis in die Ewe.
Es sei gesegnet der Name des Herrn,
vonab jetzt und bis in die Ewe.

Durch die Gebete unserer heiligen Väter,
Herr Ihesus Christ, Gottes Sohn,
erbarm Dich unser. Amen.

Tischsegen

Vor dem Mahle

Aus *Psalm 144:*

Aller Augen warten auf Dich,
und Du gibst ihnen Speise zu rechten Zeit.
Du öffnest Deine Hand
und füllest, was da lebt, mit Wohlgefallen.

Herrlichkeit dem Vater und dem Sohne
und dem Heiligen Geiste,
und jetzt und immerdar
und in die Ewen der Ewen. Amen.

Herr, erbarm Dich. Herr, erbarm Dich.
Herr, erbarm Dich.
Segne!

Herr Christ,
segne Speise und Trank Deiner Knechte,
Der Du bist heilig allenthalben,
jetzt und immerdar
und in die Ewen der Ewen.
Amen.

Nach dem Mahle

Aus *Psalm 135:*

Dankt dem Herrn, denn Er ist gut,
denn in die Ewe währet Seine Huld.
Der da gibt Speise allem Fleische,
denn in die Ewe währet Seine Huld.

Mit uns Gott, in Seiner Huld und Freundschaft,
allenthalben, jetzt und immerdar
und in die Ewen der Ewen.
Amen.

Fahrtsegen

Vor der Fahrt

Psalm 120:

Aufheb ich meine Augen zu den Bergen,
von wannen meine Hilfe kommt.
Meine Hilfe steht beim Herrn,
Der geschaffen hat Himmel und Erde.
Nicht laß Er gleiten deinen Fuß,
nicht schlafe Er, Der dich behütet.
Sieh, nicht schläft Er, und nicht schlummert Er,
Der da behütet Israel.
Der Herr behütet dich,
der Herr, dein Schirm zu deiner rechten Hand.
Des Tages wird dir die Sonne nichts antun,
und nichts der Mond des Nachts.
Der Herr behüte dich vor allem Übel,
ja Er behütet deine Seele.
Der Herr behütet deinen Auszug
und deine Heimkehr
vonab jetzt und bis in die Ewe.

Darauf:

Herrlichkeit dem Vater und dem Sohne
und dem Heiligen Geiste,
und jetzt und immerdar
und in die Ewen der Ewen. Amen.

Herr, erbarm Dich. Herr, erbarm Dich.
Herr, erbarm Dich.
Segne!

Herr Christ, segne die Fahrt Deiner Knechte, auf die Fürbitten Deiner allreinen Mutter, durch den Beistand Deiner heiligen Engel, Deiner vom Heiligen Geist geführten Apostel und all Deiner Heiligen. Amen.

Dein guter Geist geleite uns auf rechter Bahn.
Mit uns Gott, in Seiner Huld und Freundschaft,
allenthalben, jetzt und immerdar
und in die Ewen der Ewen. Amen.

Nach der Fahrt

Psalm 137:

Danken will ich Dir, o Herr, aus meinem ganzen Herzen,
und Dir aufspielen im Angesichte der Engel.
Denn erhöret hast Du all die Worte meines Mundes,
anbeten will ich zu Deinem heiligen Tempel
und danken Deinem Namen.

Ob Deiner Huld und Deiner Wahrheit,
denn Du hast groß gemacht über alles Deinen
Namen.
Am Tage, da ich anrufe Dich, schleunig erhörest
Du mich,
Du bestärkest mich in meiner Seele durch Deine
große Kraft.
Danken sollen Dir, o Herr, alle Könige der Erde,
denn sie hören all die Reden Deines Mundes.
Und besingen sollen sie die Wege des Herrn,
denn gar groß ist die Herrlichkeit des Herrn.
Denn hoch ist der Herr und schauet auf das
Geringe,
und Hochmut erkennet Er von ferne.
Wenn ich wandle mitten in Drangsal, belebst Du
mich,
über den Zorn meiner Feinde streckest Du die
Hand, Heil schafft mir Deine Rechte.
Der Herr ja vollbringet für mich,
Herr, Deine Huld währt in die Ewe,
nicht vergiß der Werke Deiner Hände.

Darauf:

Herrlichkeit dem Vater und dem Sohne
und dem Heiligen Geiste,
und jetzt und immerdar
und in die Ewen der Ewen. Amen.

Hallelujah, Hallelujah, Hallelujah,
Herrlichkeit Dir, Gott.
Hallelujah, Hallelujah, Hallelujah,
Herrlichkeit Dir, Gott.

Hallelujah, Hallelujah, Hallelujah,
Herrlichkeit Dir, Gott.

Das Dankgebet Davids:

Gesegnet bist Du, Herr, Gott Israels, unseres Vaters, von der Ewe und bis in die Ewe. Dir, Herr, ist eigen die Größe, die Kraft, der Ruhm, der Sieg und die Stärke. Denn über alles im Himmel und auf Erden gebietest Du, vor Deinem Angesichte erbebet jeder König und jedes Volk. Bei Dir ist der Reichtum und die Herrlichkeit, Du gebietest über alles, o Herr, Herrscher aller Herrschaft, und in Deiner Hand liegen Stärke und Macht, und Deine Hand, Allmächtiger, läßt alles erwachsen und erstarken. Und jetzt, Herr, danken wir Dir und loben Deinen erhabenen Namen.

Es sei gesegnet der Name des Herrn,
vonab jetzt und bis in die Ewe.
Es sei gesegnet der Name des Herrn,
vonab jetzt und bis in die Ewe.
Es sei gesegnet der Name des Herrn,
vonab jetzt und bis in die Ewe.

NACHWORT

Möge das vorgelegte *Stundenbuch für den Alltag* hilfreich sein.
Seien wir uns bewußt, daß unser Bemühen nur ein Anfang ist. Das vollkommene Gebet ist Gnadengabe des Heiligen Geistes.
Möge uns erfüllen die Freude des Volkes der Gläubigen, welches da singt:

> Christ ist erstanden von den Toten,
> im Tode zertrat Er den Tod
> und jenen in Gräbern
> das Leben Er bot.

GABRIEL HENNING BULTMANN

Anhang

DEUTSCHE KULTSPRACHE –
EIN VERSUCH

Ein Versuch, mit dem ich mich durch fünfzig Jahre beschäftige und der immer wieder mißlingt. Aber ich setze noch einmal an. Hebräisch ist eine alte Kultsprache. Griechisch ist eine Kultsprache, Lateinisch ist eine Kultsprache, und Slawisch ist eine Kultsprache geworden. Die Germanen hatten eine Kultsprache, das war das Gotische. Das ist aber verlorengegangen, weil die meisten Goten als Arianer verfolgt worden sind. Und später, was eingedeutscht worden ist, selbst durch Notker Balbulus, ist ganz nach dem Lateinischen gemacht und entspricht eigentlich nicht ganz unserem deutschen Sprachgefühl. Wie man anfangen soll, das weiß ich nicht ganz, aber ich will ein Beispiel geben, das alle kennen.

Das Herrengebet

Πάτερ ἡμῶν ὁ ἐν τοῖς οὐρανοῖς·
ἁγιασθήτω τὸ ὄνομά σου·
ἐλθέτω ἡ βασιλεία σου·
γενηθήτω τὸ θέλημά σου,
ὡς ἐν οὐρανῷ καὶ ἐπὶ τῆς γῆς·
τὸν ἄρτον ἡμῶν τὸν ἐπιούσιον δὸς ἡμῖν σήμερον·
καὶ ἄφες ἡμῖν τὰ ὀφειλήματα ἡμῶν, ὡς καὶ ἡμεῖς
ἀφίεμεν τοῖς ὀφειλέταις ἡμῶν·
καὶ μὴ εἰσενέγκῃς ἡμᾶς εἰς πειρασμόν,
ἀλλὰ ῥῦσαι ἡμᾶς ἀπὸ τοῦ πονηροῦ

Vater unser, Du in den Himmeln:
Geheiliget sei der Name Dein.
Es komme das Königtum Dein.
Es werde der Wille Dein,
wie im Himmel auf Erden.
Das Brot, uns zum Sein, gib uns heute.
Und erlaß uns unsere Schulden,
so wir erlassen unseren Schuldnern.
Und nicht gib uns preis der Versuchung,
sondern befrei uns von dem Bösen.

Worauf es mir ankommt: Die Übersetzung muß dem Urtext entsprechen, es darf nichts erfunden sein, auch selbst in der Wortstellung muß, soweit es geht, das Ursprüngliche im Deutschen wiederholt werden. Betrachten wir das Vaterunser. Es kommt sehr auf Konsonanten und Vokale an, denn was wir beten, muß auch musikalisch sein, ja es muß lyrisch sein. Die ganze Heilige Schrift ist lyrisch, vor allem die Psalmen, die Gesänge und Gebete. –

Vater unser, Du in den Himmeln. Vater entspricht dem Du, Unser – in den Himmeln; d. h. Vater in den Himmeln – unser, die wir auf Erden sind. Geheiliget sei der Name Dein. Würde ich sagen: Dein Name werde geheiligt, veränderte ich sowohl die Wortstellung, aber ich gebrauchte hier das Zeitwort „werden" als Hilfszeitwort. Und das vermeide ich. Denn in der nächsten Zeile heißt es: Es werde der Wille Dein. Hier ist es kein Hilfszeitwort, sondern ein sehr bedeutendes Wort. Wir kennen den Anfang der Heiligen Schrift: „Gott sprach: Es werde Licht! Und es ward Licht." Oder entsprechend: „Im Anfange war das Wort, und das Wort war bei Gott, und Gott war das Wort." Wir haben also mit allen Wörtern, die wir gebrauchen, Verhältnisse geschaffen. Das „Im Anfange" in der Genesis entspricht dem „Im

Anfange" des Johannesprologs. Und so auch das „Es werde". Wenn ich nun sage: „Es werde der Wille Dein", so wissen wir, wenn wir die Schrift kennen und gebrauchen und immer wieder gebrauchen, daß dieses „Es werde" anspielt auf das Wort „Es werde" in der Genesis. Gott sprach: „Es werde", und es ward. Und wenn wir sagen: „Es werde der Wille Dein", so meinen wir, daß der Wille Gottes Schöpfung ist. Wenn ich sage: „Es werde der Wille Dein", so achte ich natürlich darauf, daß das „W" von werden mit Wille zusammenklingt. Wenn ich sage: „Es werde der Wille Dein" und nicht: „Es werde Dein Wille", so deswegen, weil jenes „Dein" nachgestellt im Griechischen so ist, aber auch im Deutschen, wenn wir bedenken die Überlieferung alter Volkslieder oder Märchen, wo es heißt: „Brüderlein mein", „Mutter mein" und dergleichen mehr. Also: „Vater unser, Du in den Himmeln: Geheiliget sei der Name Dein. Es komme das Königtum Dein. Es werde der Wille Dein." – „Es komme das Königtum" ist wiederum ein Spiel mit dem Konsonanten „K": Nicht sage ich: „Es komme Dein Reich", denn „Reich" im Deutschen hat viele Möglichkeiten, aber „Königtum", „Basileia", ist sehr bedeutend, es ist das Gebiet des Königs, und es ist die Eigenschaft und Würde des Königs zu gleicher Zeit.

Wie im Himmel auf Erden. Hier haben wir wiederum eine Anspielung auf das „Vater unser, Du in den Himmeln". Wir auf Erden sagen Vater; also: „Es komme das Königtum Dein", das Königtum natürlich, das in den Himmeln ist, aber es komme herab zu uns auf die Erde, und es sei in uns und bleibe in uns. Und die Herrschaft Gottes, nämlich der Wille und das Königtum, soll durch uns verwirklicht werden auf Erden, damit das Königtum Gottes – der Gerechtigkeit, des Friedens und der Wahrheit – allgegenwärtig sei.

Das Brot, uns zum Sein, gib uns heute. Wiederum ein

Spiel: Das Brot, unsere Nahrung, uns zum Sein. Wer ist der Seiende? Eben „Der Du bist in den Himmeln" – „uns zum Sein", d. h. wir wollen sein, und zwar so, wie es Gott in Seiner Königschaft, in Seinem Königtume in den Himmeln ist. Das Brot: zunächst natürlich ist es das Brot, das wir gebrauchen zur Nahrung des Leibes. Darunter kann verstanden werden das himmlische Brot, von dem der Herr sagt, wer dieses ißt, der stirbt nicht, sondern wird leben in Ewigkeit.

Und erlaß uns unsere Schulden, so wir erlassen unseren Schuldnern. Wenn wir Schulden erlassen können, so deswegen, weil wir als Söhne Gottes Ihn, Der alleine Sünden vergeben kann, Vater nennen. Er kann Sünden vergeben, aber wir können es deswegen, weil wir als Kinder Gottes an Seinem göttlichen Sein teilhaben können. Daher: Und erlaß uns unsere Schulden, so wir erlassen unseren Schuldnern. Ich sage aber nicht „vergib", denn ich habe gesagt: Das Brot, uns zum Sein, *gib* uns heute. Hier wäre die Verwendung desselben Wörtchens „gib" in „vergib" nicht passend. Auch sagen wir ja: „Ich erlasse eine Schuld" von dem Menschen, der einen Gläubiger hat und dem der Gläubiger eine Schuld nachlassen kann.

Und nicht gib uns preis der Versuchung, sondern befrei uns von dem Bösen. Der Böse ist natürlich der Versucher, und die Versuchung ist die Prüfung, die uns gestellt ist durch den Bösen. Befrei uns aber von dem Bösen, dem bösen Feind, dem Satan, und laß uns nicht in seine Stricke geraten, vielmehr entreiß uns seinen Stricken, denn wir sind ja bereits Gefangene des Bösen, als Sünder, die wir unsere Schwachheit geerbt mit dem Sündenfall des ersten Menschen, und vielleicht sogar mit dem Sündenfall der hochmütigen Engel, die sein wollten wie Gott. – Und nicht gib uns preis der Versuchung, sondern befrei uns von dem Bösen. Ein Gegensatz: das erste Wort des Gebetes heißt „Vater", das letzte „von dem Bösen". Hier ist ein Spiel zwischen unserer irdischen Beschaffenheit, Gefangenheit, die wir dem Bösen anheimgegeben sind, preisgegeben sind, und dem Vater, der da ist in den Himmeln und von dem wir die Befreiung erwarten ...

... Ich will an diesen Beispielen nur aufzeigen einiges von dem, was mir am Herzen liegt bei der Übertragung ins Deutsche, damit das Deutsche auch wirklich eine Kultsprache sei. Viele Übertragungen der Heiligen Schrift sind sehr einseitig: einseitig philologisch genau, einseitig moralisierend, einseitig mystifizierend und dergleichen mehr. Wir müssen aber so übertragen, daß die Vielfalt des Gehaltes des Wortes auch in seiner Vielfältigkeit da ist und ausgelegt und verstanden werden kann.

Die Psalmen

Der Psalter ist das unausgesetzte Gebet des Volkes Gottes und des Gläubigen. Mir wurde das stark bewußt bei Wachen am Lager Entschlafener. Bei frommen orthodoxen Christen, besonders bei Russen, hat sich der Brauch erhalten, daß an das Krankenlager Brüder und Anverwandte gerufen werden, die das Psalmgebet des Darniederliegenden fortsetzen. Vom Entschlafen bis zur Grablegung lesen fromme Beter im Namen des Hinübergehenden den Psalter. In diesem Falle pflegt auch der apokryphe Psalm Davids nach dem Kampfe mit Goliath, der sonst im liturgischen Brauche nicht vorkommt, gelesen zu werden. Danach beginnt man wieder mit dem ersten Psalm.

Es ist monastischer Brauch, daß mindestens einmal im Laufe der Woche der ganze Psalter rezitiert wird. Benedikt von Nursia hat die 150 Psalmen über das Stundengebet einer Woche verteilt. Im Byzantinischen

Ritus haben die Tagzeiten feststehende Psalmen, während sich außerdem in den Kathismata des Hesperinos und des Orthros der ganze Psalter verteilt.

Der ganze Gebetsschatz der Kirche, auch die priesterlichen Stillgebete, sind mit Anspielungen auf Psalmen durchwoben. Alle Handlungen werden von Psalmworten begleitet. Jedes Fest und Gedächtnis hat besondere Versikel beziehungsweise Prokimena und Hallelujah-Verse, die das Gefeierte mit dem Psalter verknüpfen.

Das Singen und Lesen und Betrachten der Psalmen ist für den Gläubigen ein Tun, welches das ganze Leben durchwirkt. Alle menschlichen Befindlichkeiten finden ihren Ausdruck in den Psalmen. Es gibt die Psalmen des Dankes und Jubels, der Klage über Not und Sünde, des Lobpreises des Schöpfers in Seinen Werken, Kampf- und Siegespsalmen, Pilgerpsalmen und Tempelfestpsalmen usw. Der Psalmbeter ist immer im Gespräche mit Gott dem Lebendigen. Nach byzantinischem Brauch leiten wir die Psalmodie ein mit den Worten:

> Kommt, beten wir an und fallen wir nieder
> vor unserem Könige Gott.
> Kommt, beten wir an und fallen wir nieder
> vor Christ, unserem Könige Gott.
> Kommt, beten wir an und fallen wir nieder
> vor Ihm, Christ unserem Könige Gott.

Vor uns steht also *der Christ*, das sichtbare Bild des unsichtbaren Gottes, das fleischgewordene Wort, der Mittler zum Vater, in Dem und durch Den wir den Vater erkennen. Und der Heilige Geist, der da Sprechende durch die Propheten, ruft in uns, Gottes Kindern, das „Abba, mein Vater!" Wir Psallierende beten also in dem allgemeinsamen Heiligen Geiste als Neue Menschheit und Miterlöser der Welt.

Aus dem immer wieder gelesenen Psalter erheben sich in unserem Verstande und Gemüte ganz von selbst auch die Verse, die unserer Stimmung und Lage entsprechen. Auch des Nachts tauchen in uns Psalmworte auf. Wenn einer sich für ein Tagwerk die Betrachtung, das ist das wiederholte Murmeln, eines Psalmwortes vornimmt, wird er unter diesem Worte alle Begebnisse und Begegnungen jenes Tages erfahren und im Gedächtnisse bewahren.

Zu alldem aber bedarf es des klangvollen und einprägsamen Psalters, den wir, nach meiner Meinung, im Deutschen noch nicht haben. Und damit kommen wir zu Schwierigkeiten, die es zu bedenken gilt. Der Psalter ist wohl Gebet des einzelnen, seine Verse erschließen sich einem jeden andersartig neu. Zugleich doch ist der Psalter eben das allgemeinsame Gebet der Menschheit, der Kultgesang der Kirche.

Die verschiedenen vorliegenden Fassungen des Psalters gehen von sehr unterschiedlichen Gesichtspunkten aus und haben verschiedene Anliegen. Mir scheint es wichtig, beim Übertragen der Psalmen ihre Vieldeutigkeit nicht zu verkürzen und nicht nur eine zufällige Verständnisart zu behaupten. Der Atem der Psalmen ist weit, und vieles schwingt in ihm mit.

Mein Bemühen um einen Deutschen Psalter ist ein Bemühen um eine Deutsche Kultsprache. Die Sprache der Kirche ist vor allem das Griechische. In der Septuaginta und im Neuen Testamente ist eine einheitliche Terminologie durchgehalten, von der Genesis an bis zur Apokalypse. So legt sich die Heilige Schrift selbst aus in der Korrespondenz der verschiedenen Zeugnisse. Die Hymnen der Kirche, die Heiligenleben, die Homilien und Briefe der Kirchenväter sind ganz im Zusammenklang und Zusammenhang mit der Sprache der Bibel der Kirche. Die andern Kirchensprachen, wie das Lateinische oder das Slawische, folgen diesem Vorbild. Es gilt, in der Deutschen Kirchensprache und Kultsprache ebenso eine klare Terminologie herauszubilden, die alle gegenseitigen Bezüge der Texte zueinander einsichtig macht.

„Im Anfange", das ist das erste Wort der Genesis, das ist das erste Wort des Evangelions nach Johannes, und auch der erste Johannesbrief spricht auf diesen Anfang an. Das ist deutlich. Das Wort „doxa", im Lateinischen „gloria", im Slawischen „slawa", bedarf auch im Deutschen eines entsprechenden Begriffes. Ich wähle das Wort „Herrlichkeit". Dieses Wort durchzieht das ganze Gebetsleben der Kirche. So heißt es denn: Herrlichkeit in den Höhen Gott, und auf Erden Friede, den Menschen Wohlgefallen. Und: Herrlichkeit dem Vater und dem Sohne und dem Heiligen Geiste, und jetzt und immerdar, und in die Ewen der Ewen. Amen. Zum Beispiel: Heilig bist Du, unser Gott, und Dir empor entsenden wir die Herrlichkeit ... Im Sanctus singen wir: Voll sind Himmel und Erde Deiner Herrlichkeit. Und die häufige Formel: Denn Dir ziemt alle Herrlichkeit, Ehre und Anbetung ... Es geht also darum, daß „doxa", wo es vorkommt, immer mit „Herrlichkeit" übersetzt wird. Es ist nicht gut zu sagen: „Wir senden Dir Verherrlichung empor" oder „Lobpreisung". Denn der Mensch ist ja eingesetzt von Gott über die Werke Seiner Hände, daß er die auf Erden befindliche Herrlichkeit eine der Herrlichkeit in den Höhen.

Bedeutsam ist das Wort „segnen", im Griechischen „eulogein", im Slawischen „blagoslowiti", im Lateinischen „benedicere", wobei benedicere wohlsprechen, segnen bedeutet im Gegensatz zu maledicere, übelsprechen, fluchen. Im Psalm 133 zeigt sich das Zwiegespräch zwischen Gott und Mensch im Austausch des Segensgrußes. Freilich wird der Geringere vom Höheren gesegnet, in der Weise, wie eben auch der Gruß des Königs mehr Bedeutung hat als der Gruß des kleinen Untertanen. Gott hat eben den Menschen zum Partner gemacht. Der Psalter hebt an mit dem Worte: „Glückselig der Mann." Wird übersetzt „Heil dem Manne" oder „Wohl dem Manne", so geht die Korrespondenz verloren zu allen Stellen, die mit dem Worte „makarios", „beatus", „glückselig" anheben, wie besonders in den Glückseligpreisungen der Bergpredigt.

Viele Schriftstellen erhellen sich daraus, daß andere durch Gebrauch eines bestimmten Terminus anklingen. So geht es auch durch die ganze kirchliche und kultische Literatur. Uns Christen erhellt sich das Alte Testament aus der Offenbarung des Neuen Bundes. Wenn wir singen den Psalm „An den Flüssen von Babylon", so sind wir zwar nicht Juden in der Zeit und am Orte der babylonischen Gefangenschaft, doch empfinden wir nach ihr Schicksal und nehmen teil an ihrer Klage, das Ehemalige in den Raum des Gesamtmenschlichen übertragend. Auch verstehen wir die Worte gleichnishaft und geistig. Die Ausgeburten der Hure Babylon bedeuten uns die Keime der Sünden, die wir niederschmettern müssen an dem Fels des Glaubens, an Christos dem Fels.

Die Psalmen sind auch Lyrik. Der Deutsche Psalter muß dichterisch und liedhaft sein. Die Psalmen haben verschiedene rhythmische Spannung. Das melodische Spiel des Wechsels von Vokalen und Konsonanten und ihrer Abgestimmtheit aufeinander muß wohlklingend sein. Freilich ist der ursprüngliche Rhythmus der Psalmen im Hebräischen nicht immer klar herauszufinden, aber im betrachtenden Nachlauschen der Psalmen muß er sich fürs Deutsche irgendwie dem Nachdichter ergeben. Ebenso bedarf das Singen und das Sprechen der Psalmen, vor allem im kirchlichen Dienste, musikalischer Bildung und geübter Sprechkunst. Nur das schöne Erklingen der Psalmen kann Resonanz finden in der menschlichen Seele und geistige Frucht reifen lassen.

HIEROHEGUMEN GABRIEL BULTMANN – EINE WÜRDIGUNG

In der Nacht vom 23. zum 24. Dezember 1989 entschlief unser vielgeliebter Hierohegumen Gabriel. Im Lichte und der Wärme des Hochfestes der Begegnung unseres Herrn und Heilandes Jesus Christus mit dem gerechten Symeon und der heiligen Prophetin Hannah können wir sagen: Vater Gabriel war ein Mensch der Begegnung.

Ist doch der christliche Glaube vor allem ein lebendiger Glaube, ein Neues Leben in Christus durch den Heiligen Geist und so verankert im himmlischen Vater; ein Neues Leben der echten Begegnungen und authentischen Persönlichkeiten. Denn in jedem Menschen können wir dem Bilde Gottes begegnen und dieses Bild achten und verehren. Wie grüßte doch der heilige Seraphim von Sarov einen jeden, der ihm begegnete: „Du meine Freude, Christ ist erstanden!" So war auch für Vater Gabriel jede Begegnung lebendig, eine Verantwortung, eine Herausforderung, etwas, dem man sich stellen muß, dem man nicht ausweichen kann. Keinen Augenblick hat er sich egoistisch oder privatistisch zurückgezogen, sondern immer war er von der Verantwortung durchdrungen: Gott hat mir diesen Menschen gesandt, wie vermag ich ihm zu helfen, wie soll ich ihm zuhören, was kann ich ihm sagen? Und selbst in seinen schwersten Stunden hat er sich dieser Verantwortung gestellt. Gleich, wie ein Mensch von ihm wegging, nie verließ er unberührt, unbetroffen das Gespräch, die lebendige Begegnung.

So ist der christliche Glaube auch ein Glaube der Persönlichkeit und – ausgehend von den Drei Großen Göttlichen Personen, dem himmlischen Vater, dem eingeborenen Sohn und dem Heiligen Geist – ein Glaube von authentischen Persönlichkeiten sowie ein Neues Leben in einer Neuen Schöpfung. Und Gabriel war eine authentische Persönlichkeit. Eine echte Persönlichkeit, die auch ihre Schwächen offen zeigte. Denn wenn ein Mensch seine Schwächen nicht mehr verbirgt, keine Angst mehr hat, sie offen zu zeigen, dann beginnt er, authentisch zu werden. Und als Persönlichkeit hat Vater Gabriel auch versucht, einen jeden zur Persönlichkeit zu erwecken. Er besaß die Kraft, lebendige Worte zu sprechen, die wirkten, wandelten, da er aus dem lebendigen Quell der heiligen Kirche schöpfte, die kraft des Heiligen Geistes über das sprudelnde Wasser des Lebens verfügt. So hat er vielen geholfen, ihren persönlichen Weg zu finden, den Plan, den Gott für sie angelegt hat, besser zu begreifen, ihre Ikone besser zu schreiben, an der Verklärung der Schöpfung mitzuwirken.

Auch bedeutet das christliche Leben in erster Linie ein Leben der Wandlung, der Veränderung, der Verwandlung. Vater Gabriel war ein Christ, der dieses Geheimnis der Wandlung zu leben versuchte. Durch all die äußeren Hindernisse, die inneren Schwierigkeiten, das Nichtbegreifen der anderen versuchte er, die Neue Schöpfung zu leben, die Geschehnisse, die ihm begegneten, auf eine höhere Stufe zu bringen, die Gemeinschaft höher zu entwickeln, und er wußte, daß man dies nur durch eigene Hingabe, Entsagung leisten kann. Und ist es nicht eines der Vorrechte, der Unterschiede der Christen gegenüber den Nichtchristen, schon die Neue Schöpfung zu leben, sie mit vorzubereiten, bereits in ihr zu atmen? Die alte Welt, müde und schwach geworden durch die Sünde, die Lauheit, den Egoismus, wehrt sich gegen diese Verwandlung, der Alte Adam aber will in den Neuen gewandelt werden. Daraus entspringen viele Konflikte und Schwierigkeiten der Christen mit ihrer Umwelt, vielmehr die Umwelt wehrt sich gegen diese neue, verwandelnde Kraft. Vater Gabriel nahm diese Schwierigkeit, die Ablehnung bewußt in Kauf, auch mit dem Verlust vieler Hilfen, Vorteile und Bequemlichkeiten.

Ein weiterer Unterschied der Gläubigen zu den Nichtgläubigen ist der Lobpreis, die Danksagung. Gerade durch die Danksagung wandelt sich die Welt. Gabriel war ein lebendiger, singender Christ der Huldigung. Es war ihm ein großes Anliegen, schön zu dienen, er war sich bewußt, daß ein mit Hingabe dienender Priester die Gläubigen wohl nicht zwingen, aber bezwingen kann, eifriger und inniger mitzudienen, mitzubeten, mitzupreisen. Er war ein Priester des Wortes, ein Diener des Logos. Als jemand, der so sehr die heiligen Dienste liebte, war ihm auch das Ringen um eine lyrische deutsche Kultsprache ganz ans Herz gewachsen, eines seiner Hauptanliegen. Und so hat er im reichen deutschsprachigen Erbe Schätze gesucht. Er hatte eine Hochachtung vor der gotischen Kultsprache, er spürte dem Sprachklang des deutschen Märchen- und Liedschatzes nach und scheute sich nicht, von so großen Meistern der Lyrik und Sprache wie Hölderlin, der ihm Vorbild und Freund war, zu lernen. Um diese lyrische deutsche Kultsprache rang, betete, mühte er sich sein ganzes irdisches Leben hindurch. Stundenlang, ja oft tagelang rang er um die richtige Übertragung eines einzigen Wortes. Wie oft hat er nicht allein die Göttliche Liturgie übertragen, immer um eine noch bessere Übersetzung besorgt. Und wie wunderschön sind ihm die Übertragungen der Romanos-Kondakien gelungen. Da er sich so mit jeder Faser seines Lebens jahrzehntelang mit viel

Eifer, Treue, Hingabe diesem seinem Werke widmete, ist ihm auch ein Meisterwerk, eine beispielhafte, glänzende Übertragung gelungen. Jeder, der seinen Übertragungen betend begegnet, begreift den Reichtum der Sprache, die die Herzen ergreift und so wandelt. Das Wunder zu Pfingsten besteht ja nicht nur darin, daß die Apostel in verschiedenen Sprachen redeten, sondern so, daß sie die Herzen der Menschen berührten.

Doch hören wir nun zum Schluß noch einmal Vater Gabriel selbst:

„Wir fühlen uns vom Tode umfangen, die Abgründe drohen uns zu verschlingen. Wir erfahren uns als Sterbende. Nur die Offenbarung des lebendigen Gottes ist uns Licht ... Ich bin nur da, weil Er da ist. Ich bin nur Person, weil ich geschaffen bin nach Seinem Bilde und Gleichnisse, behaucht von Seinem Odem. Ich kenne Ihn nur, weil ich aus dem Zeugnisse glaube derer, die Ihm geglaubt. Ich lebe nur aus dem Glauben ... Also haben wir teil am Leben des Lebendigen, an der Unsterblichkeit des Unsterblichen, an der Glückseligkeit der Glückseligen, am Sein des Seienden, an der Persönlichkeit und am Königtume, an der Macht und an der Herrlichkeit des über allen Verstand Erhabenen Gottes. Mein Menschtum wird gottverwandt, mein Leben geborgen in dem Leben Seiner Unsterblichkeit."

In tiefer Dankbarkeit und inniger Verbundenheit

PRIESTER WOLFGANG SIGEL

ERLÄUTERUNGEN
THEOLOGISCHER BEGRIFFE

Altrussen
Nikon, Patriarch von Moskau († 1681), wollte in den Jahren seiner Verwaltung (1652–1658) eine kirchliche Erneuerung durchführen. Aber er konnte nur die zahlreichen Fehler in den liturgischen und kanonischen Büchern verbessern. Diese Erneuerung war Anlaß zum Raskol (Schisma): die sogenannten Raskolniki oder Starowerzen (Altgläubigen) verließen das Patriarchat von Moskau. Als Folge davon entstanden im 18. Jahrhundert auch viele Sekten.

Apostichos
Hymnos, der mit den Stichen verwoben ist.

Diptychon
Diptychon, griech. *diptychos*, zwei Falten oder Schichten enthaltend, doppelt gefaltet, zwiefältig, zweifach. Die Diptychen sind die doppelreihigen Tafeln, heute Büchlein oder einfach zwei Zettel, mit den Namen der Lebenden und Entschlafenen, derer in der Göttlichen Liturgie und den heiligen Diensten gedacht werden soll. Dieses Gedenken kann an verschiedenen Stellen der Göttlichen Liturgie geschehen: a) In der Proskomedie (Vorbereitung der heiligen Gaben) wird für einen jeden Namen eine Partikel einer Prosphora auf den Diskos gelegt. Diese Teilchen werden nicht in den Leib des Herrn gewandelt. Dieser schöne Brauch des byzantinischen Ritus erhellt uns vieles: Auf den Diskos wird erst das durch die vier Durchschneidungen aus der einen Prosphora abgetrennte Lamm gelegt, das dann im Laufe der heiligen Handlung durch Herabrufen des Heiligen Geistes in den Leib des Herrn gewandelt wird. Um das Lamm werden dann Teilchen aus den anderen Prosphoren (für die Liturgie gebackenen Broten) für die Gottgebärerin, für bestimmte Heilige, für Lebende und Entschlafene, derer man gedenken will, gruppiert. So ist uns ein schönes

Bild der katholischen Kirche gegeben: denn katholisch bedeutet die Allgesamtheit des einen Leibes des Herrn von den höchsten Höhen der Himmel bis zu den tiefsten Gründen, in die Er Selbst hinabgestiegen ist, um die Entschlafenen zu befreien und emporzuführen. Wir mit Ihm Mitgekreuzigte, Mitbegrabene und Miterstandene sind die Kirche und haben unsere Heimat in den Himmeln, wo unser Herr thront. Unser Werk ist, dorthin emporzuführen die ganze Schöpfung, das Irdische dem Himmlischen einend. Und dieser geheimnisvolle Leib Christi umfaßt somit Lebende und Entschlafene, Heilige und Sünder, die umkehren, Männer und Frauen, Greise und Kinder. Alle können in Ihm ihre Heimat finden. Schön wird diese Wirklichkeit auf dem Diskos dargestellt. Paul Evdokimov beschreibt gut: „So zeigt sich auf dem Diskos die Deisis-Ikone: die Hochzeit des Lammes, Christus umgeben von der Theotokos und dem Vorläufer, geleitet von den Engeln und den Heiligen. Das ist das vollkommene Bild der Kirche, die den Himmel und die Erde bedeckt, die die Fehlenden und Entschlafenen erreicht und das All Gottes als ein ganzes Lebendiges zusammenfaßt." Nach der Kommunion werden mit dem Schwamm sorgfältig die auf dem Diskos verbliebenen Gedächtnisteilchen mit den Worten in den Kelch getan: „Tilg, Herr, die Sünden aller, derer hier gedacht ist, durch Dein kostbares Blut, auf die Fürbitten aller Deiner Heiligen. Amen." – b) Durch Namensnennung bei der „Inbrünstigen Ektenie". – c) Durch Namensnennung beim „Großen Einzug". – d) Durch Namensnennung beim Gedächtnis der Heiligen nach der Epiklese.

Mit diesem Brauch fügt sich die persönliche Fürbitte der Gläubigen ein in das allumfassende Gebet der Kirche, die ja betet für die Heiligung des Alls.

Dogmatikon
Der Gesang, der auf das Geheimnis der Fleischwerdung Christi aus der Jungfrau Maria beim Einzug im Abendlob angestimmt wird. Das Dogma der Fleischwerdung Christi ist eines der Hauptdogmen der Kirche und zum Beispiel auch die Grundlage des Ikonenschreibens. Als Beispiel das Dogmatikon im Tone 8: „Der König der Himmel + aus Freundschaft zu den Menschen + auf Erden ist erschienen + und mit den Menschen gewandelt. + Denn aus der reinen Jungfrau + hat Fleisch Er angenommen + und ging aus ihr hervor + mit Seiner Annahme. + Einer ist der Sohn, +

doppelter Wesenheit, + doch nicht Persönlichkeit. + Drum wir Ihn vollkommenen Gott + und vollkommenen Menschen + in Wahrheit verkünden + und bekennen, Ihn, Christ unseren Gott. + Zu Ihm fleh, unvermählte Mutter, + um Erbarmen für unsere Seelen."

Dogmatisch

Unter „dogmatisch" versteht man heute eine besonders verbohrte, engstirnige, begrenzte Haltung. Für einen orthodoxen Christen gilt genau das Gegenteil, das Dogma eröffnet ungeahnte Dimensionen. Das Dogma ist heilbringend, wohl ein Gesetz, aber ein anderes denn das der Natur, ein anderes denn eines, das dem Denken und dem Herzen des Menschen entspringt. Dies Gesetz ist für uns Weg, Wahrheit und Leben, nicht, weil man das Dogma glauben muß, sondern weil das unfaßbare, unbegreifliche Denken Gottes darin gegenwärtig ist. Das Dogma verhindert, daß das unermeßliche Geheimnis durch zeitbedingte Erklärung geschmälert wird. Allein Christus und der Heilige Geist bestimmen die Bedeutung, und nur in ihrem Lichte vermag sich der Mensch dem Verständnis der Dogmen zu nähern. Das Dogma ist allumfassend, so treibt es auch jeden Geist, orthodox und katholisch, allumfassend, allgesamt, allverherrlichend zu schauen. Das Dogma ist befreiend, denn es befreit uns aus dem Halsreif unserer Trugschlüsse und Irrtümer. Durch die Dogmen enthüllt sich demütig unser Gott als im Wesen Unerkennbarer und in seinem Heilswerke Erkennbarer. Die Dogmen helfen uns, den richtigen Weg einzuschlagen und Irrwege zu vermeiden. Und es hat Folgen, welches Dogma wir bekennen und welches nicht. Wenn wir bekennen, daß jeder Mensch nach dem Bilde Gottes geschaffen ist, so gilt es auch, dieses Bild in jedem Menschen zu entdecken, und nie kann man sagen: „Mit dem will ich nichts zu tun haben", „dieser ist zu verachten" oder „der und der taugt nichts". Dies zeigt, wir sollen die Dogmen nicht „nur" glauben, sondern vor allem leben. Die Dogmen sagen etwas aus über den Heilsplan, über das Ziel der Vergöttlichung und der Allverklärung. So können sie uns nicht gleichgültig sein. Sie sind geoffenbarte Wahrheiten. Bewahrt, verkündet und angewandt werden sie von der Kirche, und wenn wir in dieser leben, vermögen wir gerade auch mit Hilfe der Dogmen reife Früchte zu bringen.

Doxa – Herrlichkeit
Herrlichkeit ist ein Herzwort für die orthodoxen Christen. Es wird im Griechischen mit dem Worte *doxa* ausgedrückt, im Slawischen mit *slawa*, im Lateinischen mit *gloria*. Unsere Orthodoxie besteht ja nicht nur darin, daß wir die wahre Lehre des Heils bekennen, wie sie die eine, heilige, katholische und apostolische Kirche der Orthodoxen, der rechtgläubigen Christen allgesamt, bekennt. Sie besteht wesentlich darin, daß wir die Herrlichkeit Gottes preisen, daß wir selbst diese Herrlichkeit in unseren Herzen tragen, daß wir Söhne der Herrlichkeit in allen Werken der Schöpfung die Herrlichkeit zu erkennen und zu entbinden fähig sind, daß wir die Herrlichkeit dankend emporsenden zum Throne der Herrlichkeit der dreipersönlichen Gottheit: Herrlichkeit dem Vater und dem Sohne und dem Heiligen Geiste, dem einigen Königtum der einigen lebenschaffenden Macht! Die Herrlichkeit strahlt aus Gottes innerstem Herzen, bricht leuchtend daraus hervor. Deshalb umgeben wir göttliche Gestalten mit dem Assist, dem Golde des Sonnenlichtes des Mittags, denn dieser Glanz dient uns zur Vorstellung jenes göttlichen Glanzes. Der heilige Paulus sagt einmal, daß die heiligen Leiber strahlen werden wie die Gestirne, die verschieden sind an Glanz und Herrlichkeit. Die Sonne bestrahlt ja viele Gestirne, und sie strahlen das Sonnenlicht wider mit verschiedener Kraft. Da der Mensch geschaffen ist als Person, nach Gottes Bild, so ist auch in der Person des Menschen Herrlichkeit. Heilige Menschen strahlen sie fühlbar, manchmal sichtbar aus ihrer Herzmitte hervor. Und auf Ikonen stellen wir ihre Gestalten dar mit der Scheibe oder dem Kranz des Assist um ihre Häupter. So drücken wir ihre Herrlichkeit aus. Denn sie sind wahrhaft Verherrlichte. Und Gott verherrlicht sich in seinen Taten. So singt Israel nach der Rettung aus Ägypten und dem Durchgang durchs Rote Meer: Dem Herrn laßt uns singen, denn herrlich hat er sich verherrlicht! Und wenn wir mit den Engeln in der Liturgie das „Heilig, Heilig, Heilig, Herr Sabaoth" singen, so fügen wir hinzu das „Erfüllt sind Himmel und Erde mit Deiner Herrlichkeit". In alle Geschöpfe, die Gottes Hand gebildet, ist etwas eingegangen von seiner Herrlichkeit. Wie Flammen aus verschiedenen Scheiten eines Holzstoßes zusammenschlagen wollen, empor zu einer Flamme, so wollen auch die Funken der Herrlichkeit von allüberall sich einen dem Feuer der göttlichen Herrlichkeit in den Höhen. Wach auf, meine Herrlichkeit, ergreif

Psalter und Harfe, steh auf, spiel auf, sing auf, empor zur Herrlichkeit Gottes! Wir ehren in den Menschen zutiefst ihre verborgene Herrlichkeit. Selbst verherrlicht, können wir ihre Herrlichkeit unserer Herrlichkeit vermählen und miteinander emporsenden. Uns orthodoxen Christen, uns Rechtgläubigen und Rechtverherrlichenden, ja wahrhaft Verherrlichten ist ein großes, wesentliches, unaussprechlich erhabenes Geheimnis die *doxa*, die Herrlichkeit (Gabriel Bultmann).

Doxologie
Verherrlichung der allheiligen Dreifalt, z. B. der Ausruf des Priesters nach dem Herrengebet: „Denn Dein ist das Königtum und die Kraft und die Herrlichkeit, des Vaters und des Sohnes und des Heiligen Geistes, jetzt und immerdar und in die Ewen der Ewen. Amen." Große und Kleine Doxologie sind wichtige Bestandteile der heiligen Dienste.

Ewe – Ewigkeit
Aion oder Äon wird im Lateinischen mit *saeculum* wiedergegeben, *saeculum* ist aber nicht *aeternitas*. Ewe ist nicht Ewigkeit. So können wir den Begriff „vingtième siècle" nicht wiedergeben mit „die zwanzigste Ewigkeit", sondern wir sagen „das zwanzigste Jahrhundert". Martin Buber gebraucht den Begriff „Weltzeit". Wir können vom Goldenen Zeitalter sprechen und von der Epoche der Aufklärung, aber nicht von der Goldenen Ewigkeit oder von der Ewigkeit der Aufklärung. Sehr häufig finden wir den Begriff „Ewe" bei Stefan George. Um der Schwierigkeit für das vulgäre Sprachgefühl auszuweichen, überträgt Sergius Heitz den Begriff gar nicht ins Deutsche, sondern beläßt das griechische „Äon", „in saecula saeculorum" überträgt er mit „in die Äonen der Äonen". Raum ist nicht Räumlichkeit, Jugend ist nicht Jugendlichkeit, Ewe ist nicht Ewigkeit (Gabriel Bultmann).

Bei Brennwald, Winterthur (ca. 1515), lesen wir, wie die Martyrer beten: „... in die Ewen der Ewen". Daß es auch für heutige Theologen ein Anliegen ist, klar zwischen „Ewe" und „Ewigkeit" zu unterscheiden, zeigt Prof. Dumitru Staniloae in seinem Buch „Orthodoxe Dogmatik" (Einsiedeln 1985), in welchem Ewigkeit, Zeit und Äon ein eigenes Kapitel gewidmet ist. Weiters weist er auch darauf hin, daß der heilige Maximos der Bekenner zwischen „Äon" und „Ewigkeit" unterscheidet. Es handelt sich hierbei also nicht um eine willkürliche oder manierte Übertragung von Vater Gabriel, sondern es geht um die Bewahrung des vollen Gehaltes des griechischen Urtextes.

Geheimnisfeier – Geheimnisweihe
Bei unseren Übertragungen und theologischen Arbeiten sollten wir darauf achten, direkt aus dem Griechischen zu übersetzen. Viele Begriffe sind durch die römisch-katholische und protestantische Theologie geprägt und besetzt. Es ist eine der wesentlichen Aufgaben der deutschsprachigen Orthodoxie, die theologischen Begriffe wieder in ihrer Fülle und ihrem reichen Gehalt im Gebrauch der Kirchenväter aufleuchten zu lassen. So sollten wir Mysterien nie mit Sakramente, sondern zum Beispiel mit Geheimnisweihen und dergleichen übertragen.

Gerechtsame
Das griechische Wort *dikaioma*, die Gerechtsame (z. B. Römer 1,32) bedeutet laut Wörterbuch: 1. gerechte Handlung, 2. gerichtliche Bestrafung, 3. Rechtsgrund, 4. das Recht, die Rechtfertigung. Also etwa „Rechtsspruch". Das Wort „Gerechtsame" finden wir oft verwendet bei Werner Bergengruen.

Heilige Väter
Für die orthodoxe Kirche sind die heiligen Väter und Mütter sehr wichtig und werden sehr verehrt. Obwohl auch der orthodoxe Christ die plötzliche Umwandlung wie bei Saulus zu Damaskus, das unerwartete Hereinbrechen der Gnade kennt, so weiß er doch, daß sein Leben, sein Sein, sein Verhalten langsam durch das Leben in den Mysterien der Kirche umgewandelt werden und daß er täglich, ja in jeder Sekunde, um die Erlangung des Heiligen Geistes ringen soll. Die Kirche hat so zum Ziel, die Menschen wieder mit Gott zu einen, sie das himmlische Denken zu lehren, ist ja Gott Mensch geworden, auf daß der Mensch durch Gnade vergöttlicht werde. Die Väter haben uns nun einen großen Schatz an Erfahrung, Weisheit, Unterweisung hinterlassen, auf daß wir von Toren zu Weisen, von Stammlern zu Sängern der Herrlichkeit Gottes, von Sündern zu Heiligen werden und diesen schmalen, steilen, aber wunderbaren Weg zur Vergöttlichung und Verklärung der Schöpfung beschreiten. Unter so vielen Lehrern und Meistern seien nur Basilios der Große, Gregor der Theologe, Johannes der

Goldmund, Ephraim der Syrer, Gregor von Nyssa, Johannes von Damaskus, Maximos der Bekenner, die Väter und Mütter der Thebais genannt. Der orthodoxe Gläubige sucht die Vertrautheit mit ihnen, auf daß er wahrhaft zu singen vermag: „O gesegnete Väter, wachet sogar nach eurem Entschlafen über uns, die da euch lobpreisen." Keineswegs aber können wir uns hinter dem „Bücherschrank", der „Bibliothek" ihrer Weisheit verstecken, wie schon ein Wort aus den „Apophthegmata Patrum", den „Weisungen der Väter", auf eindringliche Weise mahnt: „Ein Altvater sprach: Die Propheten haben Bücher geschrieben. Unsere Väter aber, die nach ihnen kamen, haben aus ihnen viel gewirkt, deren Nachfolger wiederum lernten sie auswendig. Dann kam das jetzige Geschlecht und schrieb deren Taten auf Papier und Pergament und stellte sie müßig an ihre Fenster." Vielmehr gilt es, sich den Schwierigkeiten, Anforderungen und Erfordernissen des täglichen Lebens in ihrem Geiste zu stellen. Das Studieren der heiligen Väter ist keine Angelegenheit für „Stubenhocker", für „Intellektuelle" oder „Fachtheologen", sondern für einen jeden gläubigen Menschen, der sich auf das geistige Leben einläßt und gewappnet, gerüstet und bereit durch ihre weisen Ratschläge der Welt Frieden, Freude, Frische und Schönheit bringen will. Und was Staretz Siluan von den Mönchen sagt: „Sie hätten dem ... sagen können, daß unsere Mönche nicht nur diese Bücher lesen, sondern auch selber solche schreiben könnten ... Sie schreiben nicht, weil diese herrlichen Bücher, deren es schon viele gibt, ihnen genügen; wenn sie aber aus irgendeinem Grund verlorengingen, würden die Väter neue schreiben", dies gilt für einen jeden, der geläutert durch die Askese, erleuchtet vom göttlichen Licht, geeint durch die heiligen Mysterien Tag für Tag, Stunde um Stunde, ja in jeder Sekunde um die Erlangung des Heiligen Geistes ringt. Die Verehrung der heiligen Väter entspringt nicht zuvorderst ihrer Weisheit und ihrem großen Wissen, sondern darin, daß sie einbetten in den Gnadenstrom der unermeßlichen Fülle der unbegreiflichen Liebe der allheiligen Dreifalt, in uns den Geschmack für das Göttliche Leben wachhalten, lehren, gegen den geistigen Tod zu kämpfen, uns die Herrlichkeit und Schönheit der Kirche, des Leibes Christi im Feuer des Heiligen Geistes, offenbaren, uns helfen, gegenüber der Todesangst der gefallenen Welt die Freude des auferstandenen Heilandes, gegenüber der Sinnlosigkeit der Gottesferne das Licht der Frohbotschaft, gegenüber der Einsamkeit des modernen Menschen die Gemeinschaft der Heiligen aufleuchten zu lassen. Daher unsere Liebe zu ihnen.

Herrenfest
Der Samstag oder Sonnabend ist in der Orthodoxie immer der siebte Tag geblieben, deshalb ist er immer ein Festtag, niemals ein Fasttag. Der Sonntag ist der erste und achte Tag, der Hohe und Heilige Tag, an dem wir „teilhaben an des Neuen Weinstockes Frucht der göttlichen Freude". Deshalb nach alter Überlieferung an diesen Festtagen keine großen Niederfälle: „Aufrecht beten wir am Herrentag, dem ersten der Woche, nicht nur, weil wir mit Christus auferstanden sind und das suchend, was oben ist, an diesem der Auferstehung geweihten Tag, wo uns die Gnade geschenkt ward, sondern auch weil dieser Tag gleichsam als das Bild des kommenden Äons erscheint. Deshalb steht er am Anfang der Tage und wurde von Moses nicht ‚erster', sondern der ‚eine' Tag genannt: ‚es ward Abend und Morgen: der eine Tag', als ob der gleiche Tag den gleichen Kreis wiederholte. Denn gerade dieser eine Tag ist auch der achte, weil er in sich selbst wahrhaft den einen und achten Tag darstellt. Auch der Psalmist erwähnt ihn in Überschriften einiger Psalmen, d. h. die Katastase (Wiederherstellung), die auf diese Zeit folgen wird, den Tag ohne Ende, der weder Abend noch Morgen kennt, den unvergänglichen Äon, den nie alternden. Notwendigerweise hält die Kirche ihre Kinder an, aufrecht stehend an diesem Tag zu beten, damit durch währendes Erinnern an das nie endende Leben wir es nicht versäumen, Wegzehrung für den Weg, die Reise dorthin, zu haben" (Heiliger Basilios).

Hesychasmus
Das hesychastische Leben entwickelte sich in der monastischen Bewegung. Man kann es schon bei den Wüstenvätern finden. „Man fragte den Hegumen Makarios: Wie soll man beten? Der Alte antwortete: Es ist nicht notwendig, sich in Worte zu verlieren. Es genügt, die Hände auszubreiten und zu sprechen: ‚Herr, erbarm Dich', so wie du willst und kannst. Wenn der Kampf euch anficht, sprechet: ‚Hilf, Herr!' Er weiß, was euch nottut und wird Sich euer erbarmen." Der Hesychast (das griech. Wort *hesychía* bedeutet Ruhe, Schweigen; so soll auch die Sprache der künftigen Ewe sein) ringt um das unentwegte Gebet, er ringt um

das Licht der kommenden Ewe. „Der unaussprechliche und unfaßbare Gott hat Sich in Seiner Güte erniedrigt. Er hat Sich in die Glieder des Leibes eingehüllt und Sich so eine Grenze Seiner Herrlichkeit gesetzt; in Seiner Milde und Liebe für die Menschen hat Er Gestalt angenommen und ist Mensch geworden. Er eint Sich mit den Heiligen, Frommen und Gläubigen und wird ‚ein Geist' mit ihnen, gemäß dem Paulusworte (1 Korinther 6,17) – sozusagen Seele in der Seele und Person in der Person, damit das lebendige Wesen in Seiner Frische leben, das unsterbliche Leben fühlen und der unwandelbaren Herrlichkeit teilhaft werden kann" (Makarios, Homilie IV,10). Der Hesychast versucht, die unbegreifliche Gabe der Vergöttlichung durch Gnade zu verwirklichen. An der Vergöttlichung hat der Mensch als ganzer – Geist, Seele, Leib – teil. Die Kirche vermag in ihren geheimnishaften Gnadengaben den Menschen zu heiligen, ja sie gewährt ein Unterpfand der leiblichen Auferstehung am Jüngsten Tage. Einer der hervorragendsten Lehrer und Verteidiger des Hesychasmus ist der heilige Gregor Palamas. Zwei Zitate von ihm: „In Seiner unvergleichlichen Liebe zu den Menschen hat Sich der Sohn Gottes nicht gesträubt, Seine göttliche Hypostase mit unserer Natur zu einen, indem Er einen beseelten Leib und eine mit Einsicht begabte Seele auf Sich nahm, auf Erden erschien und mit den Menschen wandelte. Aber da Er Sich, o unvergleichbares, überfließendes Wunder, mit den menschlichen Hypostasen eint, indem Er Sich Selbst mit jedem der Gläubigen in der Kommunion mit Seinem heiligen Leib mischt, wird Er ein Leib mit uns (Epheser 3,6). Da Er aus uns ganz einen Tempel der Gottheit macht – denn im Leib Christi wohnt leibhaft die ganze Fülle der Gottheit (Kolosser 2,9) – wie würde Er dann nicht diejenigen erleuchten, die würdig am göttlichen Strahl Seines Leibes, Der in uns ist, teilhaben, indem Er ihre Seele erleuchtet, wie Er auch die Leiber der Apostel auf dem Thabor erleuchtet hat? Damals war dieser Leib, Quelle des Lichtes der Gnade, noch nicht mit unseren Leibern geeint: Er erleuchtete von außen diejenigen, die sich würdig näherten, und erleuchtete die Seele mit Hilfe sinnlicher Augen. Aber heute, da Er mit uns vermischt und in uns ist, erleuchtet Er die Seele gerade von innen" (Gregor Palamas, Triaden I,3,38). „Die geistige Freude, die vom Geist in den Leib eindringt, wird durch die Gemeinschaft mit dem Leib überhaupt nicht zerstört, sondern wandelt den Leib und macht ihn geistig, weil der Leib nun alle schlechten Begierden des

Fleisches verliert, die Seele nicht mehr nach unten zieht, sondern sich mit der Seele erhebt, dermaßen, daß der Mensch als ganzer Geist wird, dem Worte des Johannes folgend: ‚Derjenige, der geboren ist im Geist, ist Geist' (Johannes 3,6–7)" (Gregor Palamas, Triaden II,2,9).

Hyperkoios
Altes Auferstehungstroparion.

Ihesus – Jesus
„Der Evangelist Lukas, der bekanntlich Griechisch geschrieben hat, berichtet, daß Erzengel Gabriel, von Gott gesandt, der Jungfrau Maria ausdrücklich geboten hat, ihren Sohn Ihesus zu nennen. Daher kommt diesem Namen (Paulus sagt: In keinem anderen Namen ist Heil, vor ihm soll sich jedes Knie beugen usw.) größte Bedeutung zu. Wir finden die drei Buchstaben IHS noch häufig auf Paramenten und an Gemäuern. Diese drei Buchstaben sind die Anfangsbuchstaben des gottgegebenen heiligen Namens: Iota, Eta, Sigma. Im Deutschen schieben wir gerne zwischen zwei getrennte Vokale das verbindende h ein, zum Beispiel wird Ioannes zu Johannes. Im alten Deutsch ist die Schreibweise Ihesus allgemein üblich, wobei das u der Endsilbe ein langer Vokal ist, nicht ein kurzer wir bei magnus, lupus etc. Die Dreisilbigkeit dieses Namens ist in unserer orthodoxen Gebetspraxis wichtig, besonders bei der hesychastischen Übung des mit dem Herzschlage gesammelten Atems. In der russischen Kirchengeschichte spielt der Unterschied zwischen dem dreisilbigen und dem zweisilbigen Namen eine so große Rolle, daß sie zum Raskol (Schisma) wesentlich beigetragen hat. Patriarch Nikon hatte bei der Revision der slawischen Kirchenbücher auf den dreisilbigen Namen großen Wert gelegt und den Gebrauch des zweisilbigen entschieden verworfen, denn die „Altgläubigen" hatten sich an die Bezeichnung „Issus" gewöhnt. Daß mit dem Verfall der lateinischen Sprache das Wort Jesus zweisilbig mißverstanden wurde, hat seine Folgen auch im vulgären Mißbrauch in der deutschen Sprache. Die germanische Kultsprache, das Gotische, ist wegen der Ausmerzung des Arianismus untergegangen. Seit Karl dem Großen ist das Lateinische obligatorische Kirchensprache geworden, und deutsche Texte wurden höchstens erklärend unter die lateinischen Wörter geschrieben. Meiner Meinung nach dürfen

wir im Bemühen um die deutsche Kultsprache nicht auf nachmittelalterliche Abweichungen zurückgreifen, sondern können kongenial aus dem Griechischen übertragen" (Gabriel Bultmann).

Auch die neuhochdeutsche Bibel Luthers schreibt durchwegs Ihesus, wobei J offensichtlich identisch mit I ist. Bernhardin von Siena, der den Frieden im Namen Ihesus predigte, verbreitete den Namen Ihesus in dieser Weise: y h s. Er, der so den Namen von Ihesus kündete, entschlief übrigens am Mittwoch vor Christi Himmelfahrt, als die Mönche sangen: „Ich habe Deinen Namen den Menschen offenbart." Im Stadtwappen der Stadt Genf finden wir I H S.

Ikonenverehrung

Aus der dogmatischen Definition des VII. Ökumenischen Konzils von Nizäa: „Wir definieren also mit aller Umsicht und Sorgfalt, daß die verehrenswürdigen und heiligen Bilder, die auf dieselbe Art und Weise wie auch das verehrungswürdige und lebenspendende Kreuz mit Farben oder Mosaik oder aus einem anderen geziemenden Material in gebührender Weise gemacht worden sind, geweiht und in den heiligen Tempeln Gottes aufgestellt und in Ehren gehalten werden sollen. Ebenso soll man auch bei den heiligen Geräten und Gewändern, bei Wänden und Tafeln, in Privathäusern und auf öffentlichen Wegen verfahren: am meisten soll man das Bild unseres Herrn und Gottes und Erlösers Jesus Christus aufstellen, sodann das unserer unbefleckten Herrin, der Gottesgebärerin, ferner der verehrungswürdigen Engel und schließlich aller heiligen Männer. Es sollen ja durch die Anschauung der Bilder alle, welche sich in sie versenken, zum Gedächtnis, zur Verlebendigung (recordatio) der Prototypen gelangen wie auch zu dem Verlangen nach ihnen, welchen sie Gruß und volle Verehrung erweisen, nicht jedoch die eigentliche Anbetung (vera latria), welche unserem Glauben gemäß allein der göttlichen Natur zukommt. Vielmehr nahen wir uns den Bildern in der Form jener Verehrung, die durch die Darbringung von Weihrauch und Kerzen gekennzeichnet ist und gleicherweise dem ehrwürdigen und lebenspendenden Kreuze und den heiligen Evangelien wie den heiligen Reliquien zukommt, so wie es den Vätern der Kirche zur frommen Gewohnheit geworden ist: die dem Bilde erwiesene Ehre geht auf den Prototyp, das Urbild, über; wer also ein Bild verehrt, der verehrt, was in ihm umschriebener Gehalt ist. So bewahrt es ja die Regel unserer heiligen Väter, so auch die Tradition der katholischen Kirche, die das Evangelium in aller Fülle – von den fernsten Grenzen bis zu den anderen Grenzen – angenommen hat. Damit bleiben wir dem in Christus lehrenden Paulus und der ganzen apostolischen Versammlung treu und allen heiligen Vätern, die das gleiche meinen, und ‚halten die Überlieferungen, die wir erlernt haben'. So jauchzen wir der Kirche zusammen mit dem Propheten die Siegeslieder zu: Sage Lob, Tochter Sions! Juble, Tochter Jerusalem! Freue dich und frohlocke aus ganzem Herzen: die Ungerechtigkeiten deiner Feinde hat Gott von dir genommen, befreit bist du aus des Widersachers Hand. Der Herr, dein König, weilt in deiner Mitten, Friede ist mit dir auf ewige Zeiten!" Durch die Verehrung des heiligen Kreuzes, des heiligen Evangelion oder der heiligen Ikonen verinnerlicht, erprobt und erfährt der orthodoxe Christ die unbezwingbare Kraft des Kreuzes, die zum herrlichen Auferstehen führt, das lebenbringende und ernährende Wort des Heilandes, den vertrauten Umgang mit Christus, der Gottgebärerin und allen Heiligen und den Sinn für die Vergöttlichung des Menschen und die Verklärung der ganzen Schöpfung.

Kathisma

Der Psalter ist in zwanzig Gruppen eingeteilt, denn er wird ja in den Klöstern regelmäßig gelesen. Während dieser Lesung darf man sitzen (griech. *kathizo*, sich niedersetzen). Das Hören der Psalmen hilft uns, die Bedrängnisse des Alltags zu verlassen, um uns im rechten Geist auf den Empfang des göttlichen Wortes und in der Liturgie auf die göttliche Speise einzustimmen.

Königtum

Königtum bezeichnet sowohl das Gebiet eines Königs als auch die Eigenschaften eines Königs. Somit erscheint mir die Übertragung von Vater Gabriel sehr zutreffend und hilfreich, denn wir, die wir harren des Königtums der Himmel und in der Kirche und ihren Mysterien das Verheißene bereits als gegenwärtig kosten, harren ja auch der Eigenschaften des Königtums: Liebe, Güte, Frieden ... Und wenn wir Christus als unseren König in unserem Herzen empfangen, dann doch nicht zuvorderst, da er Gebieter über großes Gebiet ist, sondern eben wegen seiner Sanftmut, Milde, seiner Liebe. Und auch von uns wird wiederum erwartet, daß wir an der himmlischen Festtafel in die Eigenschaften des Königtums, vor allem in die Liebe, gewandet sind und nicht unser eigenes Gewand des Egoismus mitbringen. Christus „bezwingt" uns vor allem durch seine Demut und Sanftmut. Sein Königtum erstreckt sich unendlich über alle politischen, wirtschaftlichen, moralischen und geistigen Vorstellungen hinaus.

Kondakion

Das Kondakion ist in seinem Wesen die besondere Weise der Verkündigung der Frohbotschaft, in der das am gefeierten Feste vorgetragene Wort des Evangelions in seiner dynamischen Geheimnisfülle ins Lied entfaltet und verdichtet dem gläubigen Volke so dargereicht wird, daß die angesprochenen Hörer des Wortes im Hören zu mitvollziehenden Tätern des Wortes werden und Antwort geben als ein gemeinsamer Chor in der Freude des Heils, im staunenden und dankenden Jubel der Erlösung. Das Kondakion stellt dichterische Vermittlung her, schließt Kontakt zwischen dem Worte der Frohbotschaft und seinen zur Antwort aufgerufenen Empfängern, macht das Wort des Lebens strömend und stiftet Gemeinschaft in ihm. Das Wort Kondakion hat sprachgeschichtlich nichts zu tun mit dem vom lateinischen Verb *contangere* abgeleiteten Wort Kontakt, wenn eine solche Begriffsverbindung auch unserem Vorstellungsvermögen hilfreich ist. Das griechische Wort *Kontakion* oder *Kondakion* bedeutet wie Kontax oder Kondax ursprünglich Stock oder Stange, zum Wurf gebraucht einen kurzen Speer, zur Verbindung oder Befestigung dienend einen Stift oder Pflock. Auch hieß so jenes uralte Knabenspiel, bei welchem ein zugespitzter, in lockeren Boden gesteckter Pflock durch geschickten Wurf eines anderen ebensolchen zugespitzten Pflocks derart aus seiner Lage geschleudert werden muß, daß der gezielte anstelle des getroffenen im Boden steckenbleibt. Mag dieses Bild einer Folge treffender Würfe, wo ein Berührendes ein Berührtes ablöst und an seiner Stelle ein zu Berührendes wird, auf seine Weise etwas vom dichterischen Charakter des Kondakions anschaulich machen. Der Gebrauch aber dieses Wortes für den homiletisch-dialogischen Festgesang kommt höchstwahrscheinlich von dem Stabe her, um den die Textrolle gewickelt war, aus der die Sänger lasen (Gabriel Bultmann).

Kreuzzeichen
Die Bewegung von rechts nach links: Die Geste, mit der die Gläubigen sich selbst segnen, indem sie das Kreuz von rechts nach links auf sich zeichnen und damit die Bewegung des Zelebranten spiegeln, ist wahrscheinlich die älteste Weise, wie der Text von Innozenz III. zu bestätigen scheint. Nach dem Verfasser stellt sie dar: 1. den Übergang der Juden zu den Heiden, wie der große Papst sagt; 2. die Folge des Kreuzigens (Guy de Bayso, Erzdiakon genannt, in seiner Glosse über das Dekret von Gratian): „Obwohl einige das Gegenteil tun, muß man, wenn man die Darstellung der Kreuzigung Christi in fronte nachzeichnet, das Kreuz auf der linken Seite beenden, denn sie kreuzigten die Rechte (Hand) unseres Herrn vor seiner Linken (Hand) ... Das kann man daraus schließen, wenn ein Mann von seinem Feind ergriffen wird, so weiß jener, daß seine Rechte (Hand) stärker ist denn seine Linke und wird zuerst die Rechte ergreifen und binden." Dies führt uns zu einer rein naturalistischen Erklärung; nämlich 3. zu dem Gedanken, daß die Barmherzigkeit immer über die Gerechtigkeit siegen soll. Diese letzte Deutung verdient, daß man darüber nachdenkt. Warum beginnt man bei der Rechten, um zur Linken zu gelangen? Da die Rechte die Seite der Gerechtigkeit ist und die Linke die des Herzens, die Seite der Barmherzigkeit. Auf diese Weise bekennt man, in Gott gibt es alle Gerechtigkeit und alle Barmherzigkeit, aber in Jesus hat die Barmherzigkeit immer das letzte Wort über die Gerechtigkeit. Dies kommt von weit her. Zum Beispiel stellt das Hohelied die Hand, die das Haupt stützt, der Hand, die umfängt, gegenüber. Die Rechte ist die Hand des Besitzens, die das Schwert hält, sie stellte die strenge und starke Seite dar. Die Linke ist die Hand zum Umarmen, diejenige, die die „schwache", zärtliche, die Seite des Herzens darstellt. Die Rechte stellt die Gerechtigkeit, Aufrichtigkeit, Rechtschaffenheit dar, im Gegensatz dazu die Linke die Barmherzigkeit, Nachgiebigkeit, das Verzeihen, das Regelwidrige, Abwartende, das Negative, das „Unheimliche". Das russische Kreuz enthält unten einen dritten Balken, der nach der Rechten Christi aufsteigt und nach seiner Linken absteigt. Zur Rechten hin stellt er das Heil dar, weil man gerecht ist, und zur Linken das Heil, weil man die Vergebung empfing. Die Gerechten, die beim Jüngsten Gericht zur Rechten stehen, werden in das Paradies einkehren nach der Gerechtigkeit, und die Sünder zur Linken werden dort einkehren nach der

Barmherzigkeit. „Derjenige, der die Gerechtigkeit, Gegenstand eines großen Pathos unserer Epoche, nicht überschritten hat, kann die Barmherzigkeit Gottes, die Torheit für den Menschen der Gerechtigkeit ist, nicht erfahren. Man muß also mit der Gerechtigkeit, Geradlinigkeit beginnen und mit dem Mitgefühl und Verzeihen enden. Wenn wir es umgekehrt tun, das heißt, wenn wir zuerst nach links gehen, münden wir in eine Religion der Gerechtigkeit, die, wie die Geschichte zeigt, in Gewalt, Klassenkampf und zur Hölle auf Erden führt. Diejenigen, welche dies vergessen, sind die Gefühlsmenschen, die Idealisten, die ermüden und entmutigt werden, das Gute zu tun, weil es nicht belohnt wird. Die Linke ist dem Herzen nahe. Sie ist immer etwas außerhalb der Regeln und bedarf des Verzeihens" (Pierre Erny).

Metanoiden

Griechisch „Metanoia" ist die Umkehr, wobei die Änderung des ganzen Wesens, der Gesinnung und der Geisteshaltung, die Heimkehr zum Leben, verbunden mit der allebendigen Fülle der Allheiligen Dreifalt, gemeint ist. Um nun auch leiblich, körperlich zu lernen, daß man nach einem Fall, einer Sünde, einer Nachlässigkeit sofort wieder aufsteht, sich ändert, zu Gott zurückkehrt, übt sich der orthodoxe Christ in großen Niederfällen (Metanoiden).

Oktoichos

Für das rechte Feiern der heiligen Dienste sind natürlich viele liturgische Bücher notwendig, wie z. B. Triodion, Oktoichos, Menäon. „Der Oktoichos (Das ‚Buch der acht Töne') bringt in einem Zyklus von acht Wochen, jede reihum in einer Kirchentonart, beginnend vom Sonntag nach Pfingsten und sich wiederholend bis zum Anfang der Fastenzeit im folgenden Jahr, wechselnde Gesänge für die Sonntage und Wochentage. Der Oktoichos verbindet damit einen jeden Tag des Jahres mit Pascha, dem ‚Fest der Feste'. Seine Zusammenstellung ist nach der Überlieferung an den Namen des heiligen Johannes von Damaskos (8. Jh.) gebunden" (Meyendorff).

Die Zahl „acht" kann man in gewisser Hinsicht als Fülle sehen. Durch die Einweihungsgeheimnisse Taufe, Firmung und Kommunion beginnt ja der Aufstieg des Christen zum unentwegten Pascha, er vermag jetzt in jeder Stunde seines Lebens durch

Umkehr aufzuerstehen. „Danach blieben die Neugetauften acht Tage lang in der Kirche – dieses Geschehen versinnbildlicht die Fülle der Zeit –, und jeder dieser Tage wurde als Osterfest gefeiert. Am achten Tag fand ein besonderer Ritus statt: das heilige Chrisma wurde vom Körper abgewaschen, das Haar geschnitten – der Täufling kehrte in die Welt zurück. Hier wurde die Fülle der Zeit und der Freude erfahren; der Neugetaufte soll sich nun inmitten des täglichen Geschehens als Zeuge und Träger dieser besonderen Freude ausweisen" (A. Schmemann).

„Der achte Tag, der große und gewaltige, der Tag der Allvollendung wird mit jedem Pascha, Tag der Auferstehung und des neuen Lebens, mit jedem Sonntage, dem achten Tage der Woche, der die neue Schöpfung anstimmt, mit jedem Fest der Theophanie, der Gotterscheinung, schon gegenwärtig gefeiert in den Geheimnisfeiern der Kirche. Hier ist das Kommende den Gläubigen schon da, hier ist das Gericht schon vollzogen, hier ist schon volle Rechtfertigung, Frieden und Gerechtigkeit" (Gabriel Bultmann).

Orthodoxie
Orthodoxie bedeutet rechter Glaube und rechte Verherrlichung. Es ist theologisch ungenau bzw. falsch, nach dem ökumenischen „Jalta" von West- und Ostkirche und in diesem Sinne von katholischer und orthodoxer Kirche zu sprechen. Der sich so eingebürgerte Sprachgebrauch ist nicht richtig, da ja auch die orthodoxe Kirche katholisch ist, die römische Kirche sich auch als orthodox versteht und viele protestantische Brüder immer mehr das Bewußtsein für das Katholische gewinnen. Und die eine, heilige, katholische und apostolische Kirche ist in ihrer Orthodoxie, ihrem rechten Glauben und ihrer rechten Verherrlichung allgesamt, allumfassend, ökumenisch, allverklärend.

Ostung
„Die Ausrichtung auf den Sonnenaufgang prägt die Haltung der Gläubigen. Die Tempel sind nach Morgen gerichtet. Die Gräber der in der Hoffnung auf die Auferstehung Entschlafenen lassen den bestatteten Körper dem Osten entgegenblicken. Auch die Lagerstätten der Christen lassen den aus dem Schlummer Erwachenden dem kommenden Tag entgegenschauen. Auch die heiligen Bilder, das heilige Kreuz, das heilige Evangelion und alle geweihten und verehrten Gegenstände sind so aufgestellt, daß der

vor ihnen Anbetende dem Sonnenaufgang zugewandt ist. Die orthodoxen Christen wenden sich anbetend dem Morgen zu" (Gabriel Bultmann).

Diese Ausrichtung der Gläubigen, das Harren auf die unzugängliche Herrlichkeit, dieses Empfangen des ganz Anderen erklärt die stehende Haltung des orthodoxen Christen, der da harret des Gottes, der ein verzehrendes Feuer ist, im Osten aufstrahlt wie ein Blitz und weithin leuchtet über die Erde. Üblich ist es, nur beim „Kathisma", der Psalterlesung, bei der Apostellesung und bei der Homilie zu sitzen, ansonsten steht man, doch ist man selbstverständlich nachsichtig gegenüber Gebrechlichen und Kranken.

Psalter

In den Psalmen betet Christus selbst und die Kirche. In den Psalmen hören wir von Treue – Verrat, Liebe – Haß, Freundschaft – Feindschaft, Trauer – Freude ... das heißt, wir begegnen in ihnen allen Situationen, die uns als Menschen widerfahren können. Als angesprochene Hörer werden wir so im Hören wirksam zu Tätern des Wortes, denn alles wird durch die Betrachtung des göttlichen Denkens umgewandelt und emporgehoben, das Ungerade gerade, das Schwierige leicht, das Falsche richtig. Hören wir Bischof German von Saint-Denis: „Das Jahrhundert, das zwanzigste der Fleischwerdung und des Auferstehens des Wortes, ist in unserem Abendlande sonderbar psychisch. Die Kräfte der Seele, die sich aus dem Halsreif der vorausgegangenen Jahrhunderte befreit haben, erzeugen die bedeutendsten Bewegungen dieser Zeit, und dies in allen Milieus. Sie faszinieren und schockieren, und niemals in der Geschichte der Menschheit hat man so viele Menschen gesehen, die zu dieser Seele hingeneigt sind, sie unterscheiden, erforschen, erfahren, ernähren, gebrauchen, lenken, pflegen, sie dürsten lassen, ja sogar verneinen ... Dennoch, seit David, dem sanften König, betet jener, der klug ist, der Gott sucht, die Psalmen – die wahrhafte Baustelle für all die Kräfte der Seele. Die hundertfünfzig Gedichte und Gebete bilden eine Art Netz, um die Seele für das Königtum zu fischen – und das Seil, das dieses Netz knüpft, hat als äußerste Enden den ‚gerechten' Menschen, der Gott fürchtet, Beginn der Weisheit, und das ‚Himmlische Jerusalem', Vollendung der Weisheit. Zwischen diesen beiden Enden erprobt und drückt die lebendige Seele ihr Suchen nach dem lebenschaffenden

Geist aus auf ihrem zugleich himmlischen, irdischen und höllischen Wege. Die Psalmen zu ignorieren oder sie zu vernachlässigen führt zur Torheit des Königs Saul, sie zu kennen und sich von ihnen zu ernähren vollendet das Wunder des Königs David, das Verzeihen und die Versöhnung zwischen dem Geschaffenen und dem Ungeschaffenen."

Jeder Psalm hat seinen eigenen sprachlichen Zug mit seinen Betonungen und Entsprechungen. Diesem gilt es nachzulauschen und ihn zum Erklingen zu bringen.

Septuaginta

Die Übertragung der hebräischen Heiligen Schrift in die griechische Sprache (2. Jh. v. Chr.). Die Juden hatten zu dieser Epoche viele Proselyten. So war man auch sehr eng mit der griechischen Kultur in Verbindung gekommen. Zur Zeit Jesu wurden in vielen Synagogen die Heiligen Schriften auf Griechisch gelesen. Nach der Überlieferung hat man in Alexandrien siebzig jüdische Gelehrte versammelt, die Griechisch sprachen. Nach der Legende übertrugen sie unabhängig voneinander die Heilige Schrift ins Griechische, und als man die Übertragungen miteinander verglich, war es ein und derselbe Text. Auf jeden Fall war die Septuaginta maßgeblich für die sich entwickelnde Kirche, und dies gilt auch für den Westen bis zum 16. Jahrhundert, da die Septuaginta die Grundlage für die Vulgata bildete. Für die orthodoxen Gemeinden im deutschsprachigen Raum wäre eine deutsche Übertragung der Septuaginta dringend erforderlich.

Stichire

Von griechisch *stichos*, Vers aus der Heiligen Schrift, meist den Psalmen entnommen.

Symbolon

Die Väter haben auf den ersten beiden ökumenischen Konzilien, Nizäa 325 und Konstantinopel 381, das „Symbolon", das „Credo", unser Glaubensbekenntnis formuliert. Sie hatten ausdrücklich das „Anathema" ausgesprochen gegenüber demjenigen, der diesem Bekenntnis etwas hinzufügt oder wegnimmt. Vom Heiligen Geist heißt es im Glaubensbekenntnis: „Den aus dem Vater Hervorgehenden." Gegen den Beschluß der Väter, aus Abwehr gegen das falsche Denken des Arius, tauchte neu im

Konzil in Spanien das unglückliche „Filioque" auf, also „Der aus dem Vater und dem Sohne (filioque) Hervorgegangene". Nach dieser Formulierung ist der Vater nicht mehr die einzige Quelle, der Heilige Geist wird „in Seiner Person" geschwächt und Christus untergeordnet. Damit wird dem Heilswerk des Sohnes in der Welt mehr an Gewicht zugemessen als dem Heiligen Geist. Tatsächlich können wir die Folgen des Filioque sehen. Bischof German schreibt: „Etwas ermangelt der Kirche von Rom, was den Heiligen Geist und Sein Wirken betrifft. In ihr wird der Heilige Geist immer noch als das gegenseitige Liebesband zwischen dem Vater und dem Sohne betrachtet. Seine Person wird abgeschwächt. Die Kirche will die Gnadengaben kontrollieren, und die kirchliche Gemeinschaft wird von der Hierarchie mehr kontrolliert als durch sie aufgebaut. Der Heilige Geist wird in der Kirche nicht als mitwirkend mit Christus gelebt, und das Wort und Sein Wirken nehmen den ersten Rang ein. Daher der organisatorische Gesichtspunkt der römischen Kirche und ihre Schwierigkeiten mit den Personen. In der orthodoxen Kirche begegnen sich das Wort und der Geist, und dies bringt sehr viele anscheinend widersprüchliche Probleme, wie zum Beispiel zwischen Hierarchie und Freiheit, Grundbau und Inspiration, Struktur und Bruderschaft. Trotz seines Suchens nach der individuellen Moral und trotz seines Sinnes für die Gemeinschaften mit ausgeprägter Individualität ist der Protestantismus mehr auf den Logos und das Wort als auf den Odem gerichtet geblieben." Wie kam nun die römische Kirche dazu, das Filioque einzuführen, ohne die Kirche, mit der sie in Gemeinschaft stand, wie zum Beispiel die von Konstantinopel, Jerusalem, Antiochien, zu sprechen? Man muß sagen, „daß sich schon in der Zeit vom 4. bis 8. Jahrhundert eine gewisse ecclesiologische Spannung zwischen dem christlichen Osten und dem christlichen Westen fühlen ließ in bezug auf den rechten Sinn des Römischen Vorrangs. Doch war diese Spannung bei der absichtlichen Zweideutigkeit der Höflichkeiten byzantinischer Patriarchen den Päpsten gegenüber nicht immer sichtbar. Die Päpste ihrerseits hüteten sich, ihre Ansprüche – die unmittelbare Jurisdiktionsgewalt über die Gesamtkirche – auf die Spitze zu treiben, standen sie damit doch im Gegensatz zu den traditionellen Gepflogenheiten der Kirche. Im 9. Jahrhundert aber tritt die latente Spannung klar zutage und führt zu offener Gegnerschaft. Den Hintergrund des Konfliktes bildet die Entstehung des Karolingerreiches im Westen ... Zum Glück widerstand die Kirche von Rom, obwohl im großen und ganzen der Politik Karls wohlgesinnt, fest seinen doktrinalen Angriffen gegen den Osten. Papst Hadrian I. (772–795) und Papst Leo III. (795–816) verteidigten das Konzil von Nizäa und mißbilligten ausdrücklich die Interpolierung des Symbolons ... Das Schwerwiegendste war in der neuen, mit dem Erscheinen des Reiches Karls des Großen gegebenen Lage im Westen das Übergewicht eines neuen christlichen Typs, dessen Vertreter den ehedem ‚barbarischen' Ländern des nördlichen Europa entstammten und nur eine sehr entfernte Ahnung hatten von der römisch-byzantinischen Welt, in der die Väter der Kirche gelebt und die Konzilien stattgefunden hatten ... Die Konflikte brachen im 9. wie im 11. Jahrhundert erst dann aus, als die politischen Interessen des Frankenreiches mit den kanonischen Ansprüchen Römischer Päpste sich verbanden zu einer gemeinsamen Front gegen den Osten ... Das 10. und die erste Hälfte des 11. Jahrhunderts sind durch keinen augenfälligen Zusammenstoß zwischen Ost und West gezeichnet. In dieser Zeit erfuhr das Papsttum den tiefsten Niedergang seiner Geschichte ... So konnte es geschehen, daß die Byzantiner ein sehr weittragendes Ereignis gar nicht beachteten. Als Heinrich II. 1014 nach Rom zur Kaiserkrönung durch Papst Benedikt VIII. kam, erreichte er von diesem ganz in seiner Abhängigkeit stehenden Pontifex, daß bei der Krönung ein germanischer Ritus gebraucht wurde, der sagen will: In Rom wurde das ‚Credo mit Filioque' während der Messe gesungen" (Meyendorff). Ich persönlich meine, daß das Filioque ein großes Hindernis für die so notwendige Einung der Christen darstellt. Was kann man tun, um wieder zur Einung, die ja von Christus selbst gefordert ist, zu gelangen? Vor allem, mit der Lauterkeit des Verstandes und Herzens klar und genau theologisch arbeiten, d. h. unterscheiden, trennen zwischen dem „ewigen Hervorgang der Personen, der nach Johannes Damascenus ‚ein Werk der Natur' und das Wesen der Heiligsten Dreifaltigkeit selbst ist, und der zeitlichen Sendung des Sohnes und des Heiligen Geistes, die das Werk des gemeinsamen Willens der drei Hypostasen ist. Um den ewigen Hervorgang des Heiligen Geistes zu bezeichnen, verwenden die griechischen Väter gewöhnlich das Verbum *ekporeuomai*, während die Verba *proíemi* und *prochéomai* meist seine Sendung in die Welt bezeichnen" (Vladimir Lossky). Möge der Heilige Geist uns allen helfen, Ihn zu erlangen, auf daß durch die Einung mit

Ihm wir auch richtig, „orthodox und katholisch", über Ihn zu sprechen vermögen.

Theotokion

Hymnos auf die Gottgebärerin, der das Geheimnis der Fleischwerdung Christi aus dem Heiligen Geiste und Maria der Jungfrau besingt (griech. *Theotokos* heißt Gottgebärerin). Hier ein Beispiel: „Das von Ewen her verborgene, + auch den Engeln nicht erkennbare Geheimnis + ward durch dich, o Gottgebärerin, + uns auf Erden offenbart: + Gott, in unvermischter Einung Fleisch geworden, + hat für uns freiwillig auch + das Kreuz auf Sich genommen, + damit auferweckt den Erstgeschaffenen + und gerettet aus dem Tode unsere Seelen."

Theotokos

Griech. Gottgebärerin. Als erste unter allen Menschen, für alle Menschen und alle einladend, ihr in ihrer Zustimmung nachzufolgen, sprach die Gottgebärerin das „Mir geschehe", das „Ja" zum Heilswerk Christi und des Heiligen Geistes, um die gefallene Welt wieder zum himmlischen Vater heimzuführen. Metropolit Philaret von Moskau: „In den Tagen der Schöpfung der Welt, als Gott sein lebendiges und gewaltiges ‚Es werde' *(genetheto)* sprach, brachte das Wort des Schöpfers Geschöpfe in der Welt hervor, aber an diesem Tage, dem beispiellosen im Weltdasein, da die göttliche Maria ihr gehorsames und sanftmütiges ‚Es werde' *(génoitó)* sprach – kaum wag ich auszusprechen, was da geschah: Das Wort des Geschöpfes brachte den Schöpfer in die Welt herab."

Trishagion

„In der Orthodoxie kommt das Trishagion, immer im trinitarischen Sinne, in allen Stunden und Gebetsordnungen vor. Das Ritual der Dienste bezeichnet sogar mit diesem Namen eine Gebetsfolge, die um das Trishagion gruppiert ist und ein Ganzes, einen Bestandteil in den Diensten bildet. Seine Rolle ist charakteristisch für das orthodoxe geistliche Leben. So befürwortet das Konzil von Trullo im Einklang mit dem Wort des Hermas, das besagt, daß der Name Gottes das All trägt, das Trishagion während kosmischer Störungen zu singen. Kraft seiner außerordentlichen Wirksamkeit beruhigt das Trishagion die Elemente, die in Unordnung sind. Das unter allen Formen keimende Chaos wird von der

Ordnung des göttlichen Kosmos erstickt durch den geheimnisvollen und gewaltigen Gehalt des Heiligen Namens. Aus demselben Grund wird das Trishagion im Dienst für die Entschlafenen gesungen während der Beisetzung des Leibes in die Erde. Es gibt den Triumph des ewigen Lebens über die Zerstörung des Todes wieder und weissagt das Auferstehen" (P. Evdokimov).

Troparion
Festgesang auf das Festgeheimnis. Zum Beispiel auf Pascha: „Christ ist erstanden von den Toten, + im Tode zertrat Er den Tod, + und jenen in Gräbern das Leben Er bot."

Vierzig
Vierzig ist immer eine Zahl, die eine gewisse Läuterung, Rüstung, Wanderung ausdrückt. Vierzig Jahre lang zog das Volk Israel durch die Wüste, vierzig Tage und Nächte fastete Jesus, vierzig Tage nach seinem herrlichen Auferstehen kehrte er heim in die Himmel. Und die Seele eines gläubigen Christen steigt im Laufe von vierzig Tagen nach dem Entschlafen zum himmlischen Vater empor. Auch wir wollen uns durch das vierzigmalige „Herr, erbarm Dich" läutern, erleuchtet werden und durch Christus im Heiligen Geiste zum Vater pilgern. Man kann dazu noch sagen, daß der Gehalt des griechischen „Kyrie eleison" noch sehr viel reicher denn das deutsche „Herr, erbarm Dich" ist, denn es enthält und teilt mit Gnade, Heilung, Freude, und auch das russische „Gospodi pomilui" meint „Liebkosung".

LITERATUR

Bultmann Gabriel: Romanos der Melode. Festgesänge, Paderborn 1960.
Evdokimov Paul: Das Gebet der Ostkirche, Graz 1986.
Heitz Sergius / *Hausemann* Susanne: Mysterium der Anbetung, Bd. 1: Göttliche Liturgie und Stundengebet der orthodoxen Kirche, Köln 1986.
Lindenberg Wladimir: Der unversiegbare Strom. Legenden und Geschichten aus dem heiligen Rußland, Freiburg ²1987.
Lossky Vladimir: Die mystische Theologie der morgenländischen Kirche, Graz 1961.
Meyendorff Johannes: Die orthodoxe Kirche gestern und heute, Salzburg 1963.
Schmemann Alexander: Aus der Freude leben, Olten 1974.
Smolitsch Igor: Leben und Lehre der Starzen, Freiburg 1988.
Sophronius (Archimandrit): Starez Siluan – Mönch vom Berg Athos, Düsseldorf 1980.
Staniloae Dumitru: Orthodoxe Dogmatik, Einsiedeln 1985.
Thon Nikolaus: Ikone und Liturgie, Trier 1979.
Tyciak Julius / *Nyssen* Wilhelm: Weisung der Väter, Trier 1986.